GRANDES ENIGMAS DE LOS ANIM🐾LES

ÉRIC DE LA RIVA DOMÍNGUEZ

Faunísticos

GRANDES ENIGMAS DE LOS ANIMALES

120 PREGUNTAS (Y RESPUESTAS) SOBRE EL MUNDO QUE NOS RODEA

MOLINO

Papel certificado por el Forest Stewardship Council®

Penguin
Random House
Grupo Editorial

Primera edición: marzo de 2026

© 2026, Éric de la Riva Domínguez
© 2026, Penguin Random House Grupo Editorial, S. A. U.
Travessera de Gràcia, 47-49. 08021 Barcelona
© 2026, Lucía Barrios Sánchez, por las ilustraciones

Printed in Spain – Impreso en España

ISBN: 978-84-272-5369-8
Depósito legal: B-1.225-2026

Compuesto por Juan Carlos Bermudo
Impreso en Huertas Industrias Gráficas, S. A.
Fuenlabrada (Madrid)

MO 53698

A EVA,
POR DEMOSTRARME QUE
EL AMOR HACIA LOS ANIMALES
ES TREMENDAMENTE CONTAGIOSO.

A MIS PADRES,
POR SER MI APOYO CONTINUO.

¿LOS CORALES SON ANIMALES O PLANTAS?

No se mueven y no tienen ni ojos, tampoco patas, ni pelo, ni plumas, ni escamas. A simple vista no se observa nada que pueda darnos a entender que los corales son animales. Es más, la mayoría de ellos necesitan la luz del sol para sobrevivir, como sucede con las plantas. Sin embargo, por muy raro que parezca, **son animales**, y están muy relacionados con las medusas y anémonas de mar.

Además, resulta que los grandes corales que conocemos no son solo un animal, ¡sino una colonia de animales diminutos llamados **pólipos**! Cada uno de estos pólipos, que son muy parecidos a una anémona en miniatura, tiene su propia boca, sistema reproductor y red nerviosa.

Como no pueden moverse, los corales han desarrollado **increíbles estrategias de defensa**. Algunos despliegan largos tentáculos venenosos para paralizar a cualquier animal pequeño con el roce, también a otros corales. Otros reaccionan al contacto recubriéndose con unos pequeños hilos con los que inyectan toxinas a sus presas para paralizarlas y luego digerirlas. Y un tercer grupo libera sustancias químicas en el agua para ahuyentar a posibles depredadores.

Estas técnicas defensivas son a la vez **mecanismos de ataque**: les permiten atrapar alimento y luchar contra otros corales por el limitado espacio libre para crecer en los arrecifes.

¿POR QUÉ LOS CORALES SE VUELVEN BLANCOS CON EL CALOR?

Al comprar cosas que no necesitamos, dejar abierto el grifo del agua más rato de la cuenta o las luces encendidas al salir de la habitación, estamos contaminando más de lo que creemos. Cuando se acumula esa contaminación, la temperatura del planeta sube poco a poco. A esto se lo conoce como **calentamiento global** y provoca daños en zonas tan bellas como los arrecifes de coral.

Si el agua donde viven estos animales se calienta demasiado, los corales empiezan a perder su color. Este **blanqueamiento del coral** está acabando en silencio con los grandes arrecifes del mundo a un ritmo vertiginoso. Pero ¿por qué se vuelven blancos? ¿Es malo para ellos?

Aunque los corales se alimentan de otros animales, obtienen la mayor parte de sus nutrientes gracias a la luz del sol mediante la fotosíntesis. ¡Como una planta! ¿Y cómo es que un animal hace la fotosíntesis? En el interior de los corales habitan unas diminutas algas que se llaman **zooxantellas**. Estas algas transforman la luz solar en alimento para los corales a cambio de protección. Increíble, ¿verdad?

Además, y aquí está la clave del misterio, son estas algas las que dan a los corales gran parte de su color. Cuando la temperatura del agua sobrepasa sus valores habituales, aunque solamente sea un par de grados, **los corales se estresan y expulsan a sus diminutos ayudantes, perdiendo así su color** y principal fuente de alimento y complicando su supervivencia enormemente.

¿QUÉ SON LOS CABALLITOS DE MAR?

Hablando de animales que no son lo que parecen: ¡los caballitos de mar también **son peces**! Cumplen todos los requisitos para serlo: viven en el agua, tienen aletas y respiran por branquias. E, incluso así, ¡son unos peces bastante extraños! Por ejemplo, nadan de forma lenta y patosa. **¡Tardan más de dos días en recorrer un solo kilómetro!** Por ello han adoptado una estrategia de defensa de lo más particular: se camuflan perfectamente en su entorno, se agarran a algas, rocas y corales con su pequeña colita y se mecen entre las olas durante mucho tiempo, pasando así desapercibidos.

Para algunos caballitos de mar **camuflarse** es muy fácil, porque son diminutos. Por ejemplo, el caballito de mar pigmeo mide menos que una moneda de un euro. Otros, como el caballito de mar barrigudo, tienen que esforzarse: ¡pueden ser más grandes que este libro!

> Los caballitos de mar, a diferencia de la mayoría de los peces, no tienen escamas: están protegidos por duras placas de hueso. Tampoco tienen dientes, y su boca es tan pequeña que, para cumplir con sus necesidades dietéticas, deben alimentarse continuamente succionando animales diminutos.

Pero sin duda lo más alucinante de los caballitos de mar es su forma de reproducirse. Tras elegir cuidadosamente a su pareja con un baile, la hembra da al macho cientos de huevos, **¡y será él quien se quede embarazado!** El macho cuidará y protegerá los huevos dentro de un saco en su vientre, dándoles alimento y oxígeno. Tras cuatro semanas, dará a luz a muchísimos caballitos bebés.

¿LOS PECES DUERMEN?

¡Claro! Como nosotros, los peces **necesitan dormir para recuperarse** de sus aventuras (acuáticas) diarias. Cuando vemos un perro o un gato acurrucados, con los ojos cerrados y respirando plácidamente, sabemos que están dormidos porque se parece mucho a como lo hacemos nosotros. Pero ¿cómo sabemos si un pez «se ha quedado frito» o simplemente está holgazaneando un poco?

Al no tener párpados, **los peces no cierran los ojos.** Pero sabemos que duermen porque se ha detectado que algunas especies de peces experimentan una actividad cerebral similar a la que tenemos los humanos cuando dormimos.

La mayoría de los peces **duermen medio escondidos entre rocas o algas,** y solo mueven las aletas de vez en cuando para mantener su posición. En ese momento, están relajados y su respiración es lenta y constante. Así que, cuando veas un pez muy quieto moviendo sus branquias lentamente, ¡seguramente esté dormido!

Pero no creas que duermen toda la noche como hacemos las personas. A algunos **les basta con descansar a ratitos** a lo largo del día; otros prefieren hacerlo por la noche. Lo que es seguro es que para ellos dormir es tan importante como para nosotros.

¿Y HACEN SONIDOS?

Los peces no hacen ni «mu», ni «guau», ni «miau»; tampoco ninguna otra onomatopeya que conozcamos, pero son todo menos silenciosos. Usan sus músculos y **vejiga natatoria** (un órgano especial relleno de aire) para hacer sonidos que utilizan para comunicarse entre ellos.

> De hecho, hay lugares bajo el mar, como los arrecifes de coral, que son muy ruidosos. Allí los peces hacen multitud de sonidos: unos silban canciones románticas para impresionar a su pareja, como el pez damisela; algunos se gruñen entre ellos para avisar de un peligro, como ciertos peces payaso; y otros tienen una capacidad increíble para producir sonidos supercomplejos, como los peces sapo.

Las famosísimas pirañas rojas se **ladran** y se **gruñen** entre ellas para demostrar quién manda. ¡Y su sonido se parece mucho al de los perros! Además, también gruñen para advertir al resto, como si dijesen: «Si me sigues molestando, te llevarás un mordisco».

Otros peces, como los arenques, se reúnen en grandes grupos y se comunican entre sí **tirándose pedos**. Sí, sí, has leído bien… ¡Pedos! No se sabe todavía qué intentan comunicar con ellos, pero la próxima vez que escuches un sonido burbujeante dentro del agua, es posible que alguien quiera llamar tu atención en idioma arenque.

Estos son tan solo unos pocos ejemplos, pero el mundo de los peces sonoros es enorme. Hoy día conocemos casi mil especies que **hacen sonidos a propósito para comunicarse** con otros peces.

¿NIDOS HECHOS CON MOCO?

Aunque pueda parecer extraño, no todos los animales cuidan de sus crías. Al menos no como los humanos. La gran mayoría de los peces se olvidan de sus huevos tras ponerlos, pero otros **¡son superpapás!**

Algunas especies de peces se esfuerzan mucho en crear nidos perfectos para proteger sus crías, ¡como los pájaros! Los construyen en forma de cuenco, de barril e incluso de **nidos flotantes hechos con moco**. Todo vale para proteger a sus bebés.

Hay algunos peces que se lo toman aún más en serio. Por ejemplo, los peces mantequilla no hacen nidos. Primero, la hembra pone cientos de huevos sobre una bola hecha de mocos (para que estén todos juntos) y luego el macho la rodea con su cuerpo en **un gran abrazo protector**. ¡No los soltará hasta que los pececitos naden solos!

Otros llevan los huevos encima, como el pez jorobado indio, que los transporta en su frente hasta que nacen. Y hay peces, como los cardenal de Banggai, que llevan al extremo el cuidado de sus bebés: una vez fecundados los huevos, los machos los recogen e incuban durante más de veinte días… **¡en la boca!** Cuando nacen se quedan otros diez días en la boca de su padre, a la que siempre podrán volver si alguna vez están en peligro.

> Durante el tiempo que el pez cardenal está incubando y protegiendo sus bebés dentro de la boca, no comerá ni un bocado, con tal de no dejar desprotegidos sus bebés ni un segundo.

¿LOS PECES COOPERAN ENTRE ELLOS PARA CAZAR?

Seguro que has visto documentales en la tele en los que aparecen grandes manadas de leones cazando juntos. Todos los miembros se mueven de forma coordinada: agazapados, acercándose a su presa con sigilo, cada uno por un lado, cerrando cualquier posible escapatoria. Hasta que… ¡zas! Éxito. Pero ¿lo has visto alguna vez con peces? Probablemente no. Y es que para cooperar en la caza es necesario un gran nivel de inteligencia y comunicación, características que los peces no parecían tener…, hasta que se descubrió el caso del mero y la morera, **dos peces de especies totalmente diferentes que cazan juntos**.

El mero es un pez grande, rechoncho y muy fuerte, pero también es algo lento. Las morenas, en cambio, son alargadas, escurridizas y ágiles, como las serpientes. A menudo, los pequeños peces de los que se alimenta el mero se ocultan en las rocas, donde él no puede llegar por culpa de su tamaño. Cuando esto sucede, el mero se acerca a una guarida de morena y le pide que lo siga **con un gesto de cabeza**. Luego la guía hasta el escondite del pequeño pez, ¡y esta se encarga de asustarlo para sacarlo de ahí!

¿Y qué saca a cambio la morena? Si en lugar de salir el pez se queda dentro de su escondite, será ella quien se lo coma.

Los meros también pueden ser vistos cazando **con otros animales**, como los pulpos, empleando una táctica muy parecida.

¿LAS MORENAS SON VENENOSAS?

Siempre que aparecen en una película interpretan el **papel de villanas**. No es para menos, siempre están escondidas en agujeros, con sus dientes afilados y cara de pocos amigos. ¡Realmente parecen muy peligrosas! Antiguamente se creía que estos escurridizos animales eran venenosos porque cuando sus mordeduras se infectaban tardaban mucho en curarse. Pero esto no sucedía porque fueran venenosas, sino porque algunas especies tienen bacterias en la boca que pueden causar infecciones.

Lo que sí tienen las morenas, y es sumamente alucinante, **es una segunda mandíbula llena de dientes** escondida en la garganta, que además pueden sacar hacia delante. Es como si tuvieran una boca dentro de la boca. Aunque a primera vista puede parecer terrorífico, la función de esta segunda mandíbula es ayudarlas a tragar el alimento, algo difícil de hacer si no tienes lengua, como les pasa a las morenas.

Otro aspecto que puede asustar mucho de las morenas es que **tienen siempre la boca abierta**, como amenazándote con sus afilados dientes. En realidad, la llevan siempre así porque es su forma de respirar.

Debes recordar que, aunque no son tan peligrosas como parecen, es importante no molestarlas. A las morenas no les suele gustar tener compañía, así que, si ves alguna buceando, mantén las distancias y evita tocarla, porque, aunque intentará huir, podría morderte si se siente acorralada.

¿CÓMO VEN LOS PECES BAJO EL AGUA?

Ver bajo el agua **no es tarea fácil**: a la luz le cuesta mucho atravesar este líquido y el ambiente se oscurece conforme se gana profundidad. Esto nos podría llevar a pensar que los peces ven mal, pero no es así.

Los peces pueden ver muy nítido bajo el agua; **¡algunos ven incluso muchos más colores que los humanos!** Por ejemplo, el pez damisela de Ambon y el pez damisela limón son muy parecidos, pero tienen dibujos que los diferencian y que solo son visibles con luz ultravioleta. Es decir, que son invisibles para el ojo humano, pero no para ellos. Estos peces se reconocen entre sí por sus llamativos dibujos, así saben cuáles son de su especie y cuáles no, frente a los que deben defender su territorio. Además, estos colores actúan como una señal secreta, porque también son invisibles para sus depredadores. Para estos, pasan totalmente desapercibidos, algo que sería muy difícil si se mostraran como son en realidad.

Pero ¿qué pasa a grandes profundidades donde no llega nada de luz? Allí son los peces los que la producen. Se asocian con bacterias bioluminiscentes con las que viven en **simbiosis**. Es decir, ambos salen beneficiados: las bacterias consiguen un buen (y seguro) sitio en el que vivir, y los peces, una linterna con la que ver en la oscuridad.

> Algunos peces de las profundidades utilizan esta luz prestada para cazar, como los rapes abisales, que la mueven delante de la boca para atraer a sus presas. Otros, para defenderse, como el pez linterna, que apaga la luz que tiene bajo los ojos cuando necesita esquivar un ataque enemigo, o la encienden, de repente, para cegar y desubicar a los intrusos y proteger su territorio.

¿HAY PECES QUE SON CIRUJANOS?

¿Te acuerdas de Dory, la adorable y olvidadiza compañera de viajes de Marlin en la película *Buscando a Nemo*? Pues **¡es un pez cirujano!** Y no, esta especie no se llama así porque se dedique a operar a otros peces, como hacen los cirujanos humanos, aunque el motivo tiene mucho que ver con esta profesión.

Estos peces tropicales tienen **una espina afiladísima** justo antes del inicio de la cola. Algunas especies tienen hasta cuatro espinas que utilizan para defenderse. Son tan afiladas que se parecen muchísimo a los bisturís que usan los médicos durante sus operaciones. Y, aunque van armados, los peces cirujanos no cazan: son herbívoros que ayudan a controlar la población de algas en los arrecifes de coral donde viven. Sin ellos, los corales se verían totalmente cubiertos por cientos de algas y desprovistos de luz. Esto impediría crecer a los corales y miles de peces se quedarían sin lugar donde vivir y alimentarse.

No solo Dory, el pez cirujano azul, es parte de este grupo de peces. También se incluyen **especies tan alucinantes** como es el cirujano vela (que tiene grandes aletas), el pez unicornio (que cuenta con una frente abultada muy parecida a un cuerno) y el pez cirujano amarillo (que es el mejor en lo que a comer algas se refiere).

Hay especies de peces cirujano que cambian de color según crecen. Por ejemplo, cuando el pez cirujano azul del Atlántico es joven, es de color amarillo, lo que le permite camuflarse más fácilmente. Cuando crece y se hace más fuerte, en cambio, se vuelve de un color azul intenso, que se hace más claro u oscuro según su estado de ánimo.

¿POR QUÉ SE DICE QUE LOS PULPOS SON LOS INVERTEBRADOS MÁS INTELIGENTES?

Cambiar de color en un segundo no es ni de lejos lo más alucinante que pueden hacer los pulpos. Además de por eso, se los conoce por ser **los invertebrados más inteligentes del mundo**. Su cerebro y el nuestro funcionan de forma muy parecida, y su forma de aprender y resolver problemas también es similar. Son muy curiosos y no dudan en investigar cualquier objeto que ven por primera vez. Pueden salir de laberintos, usar herramientas, resolver pruebas muy difíciles, reconocer personas y objetos, y su comportamiento cambia según crecen, es decir, ¡que aprenden y se adaptan!

Por si todo esto fuera poco, **¡son muy traviesos!** Algunos pulpos en cautividad son capaces de abrir puertas y escabullirse de sus tanques. Lo hacen para cazar otros peces y, cuando acaban y antes de que puedan ser vistos, vuelven a encerrarse en el tanque, ¡como si no hubiese pasado nada! También se conoce el caso de un pulpo que escupía agua a uno de sus cuidadores cada vez que lo veía. Se ve que le caía bastante mal… Y algunos utilizan a otros animales ¡como arma! Este es el caso del pulpo de siete brazos, que agarra con la boca a las medusas justo por donde no pican y utiliza sus tentáculos venenosos para atrapar peces pequeños y gambas.

> Los pulpos no tienen un cerebro grande como nosotros, sino que lo tienen repartido entre la cabeza y cada uno de sus ocho brazos. Esto hace que cada brazo pueda moverse y tomar decisiones por su cuenta de forma muy rápida, lo que le da un tipo de inteligencia única entre los animales.

¿SON REALES LOS CALAMARES GIGANTES?

Los calamares gigantes y sus primos, los calamares colosales, viven a más de 1.000 metros de profundidad. Por eso es muy difícil verlos y estudiarlos. Durante mucho tiempo se pensó que eran seres de leyenda y cuentos de marineros. Pero ¡son muy reales! En los últimos años se han obtenido grabaciones en vídeo de estos animales en su hábitat natural, las profundidades marinas, y de vez en cuando el mar arrastra alguno a la orilla. Eso ha permitido que los científicos hayan podido estudiarlos de cerca, y han comprobado que **su tamaño es realmente impresionante**.

Estos gigantes marinos pueden llegar a medir hasta trece metros de largo (casi tanto como un autobús), tienen ocho brazos tan altos como los de un jugador de baloncesto y dos largos tentáculos de diez metros que usan para atrapar a sus presas. Esos brazos y la parte final de los tentáculos están recubiertos por ventosas tan grandes como pelotas de tenis, **¡y sus ojos tienen el tamaño de pelotas de baloncesto!**

> Solo se sospechaba de su existencia por las enormes marcas que dejaban sus ventosas llenas de dientes en la piel de los cachalotes, sus depredadores naturales.

Si el calamar gigante gana en tamaño, el colosal lo hace en peso. Con más de 500 kilos, es **el invertebrado más pesado del planeta**. Y queda tanto por descubrir sobre estos misteriosos animales que los científicos podrían encontrar un individuo que bata todos los récords.

¿QUÉ SON LOS BOLSOS DE SIRENA?

> Estás paseando por la playa tras una tormenta, mirando en la arena
> qué tesoros ha traído el fuerte oleaje. De pronto, semienterrado
> y asomando bajo un alga, ves algo oscuro, un pequeño saco de
> un material que no consigues identificar, demasiado natural para
> ser un plástico, demasiado duro para ser un alga. En ese momento
> no lo sabes, pero te acabas de encontrar un bolso de sirena.

Los tiburones y las rayas tienen una de las formas de reproducción
más diversas. Algunos se quedan embarazados y paren a las crías como
lo hace cualquier mamífero, ¡incluso producen leche para alimentar a
sus crías antes de nacer! Otros nacen de los huevos que las hembras
guardan en su interior, donde son incubados. Después de un tiempo,
eclosionan dentro de la madre, dando a luz a **bebés-tiburón**. Este
tipo de reproducción es especialmente tenebrosa, porque los primeros
huevos que eclosionan se alimentan de los huevos que no lo han hecho
aún. Por ello, solo sobreviven los dos o tres bebés-tiburón más fuertes.

También hay tiburones que ponen huevos,
como cualquier pez. Estos huevos son los
llamados **bolsos de sirena**. Las hembras
los atan en las algas cercanas a la orilla para
que estén escondidos y protegidos. Pero
el fuerte oleaje puede arrastrarlos fuera del
agua. Si encuentras alguno y al trasluz ves un
tiburoncito moviéndose dentro, devuélvelo
al agua. ¡Estarás salvando una vida!

¿CUÁNTOS DIENTES TIENE UN TIBURÓN?

Cuando pensamos en tiburones, lo primero que nos viene a la mente es una boca repleta de dientes muy afilados. Junto con su aleta dorsal, los dientes son el gran emblema de estos animales. No es para menos, ya que hay especies que a lo largo de su vida pueden llegar a tener **¡más de 20.000 dientes!**

Pero ¿cómo caben tantos dientes en la boca de un solo tiburón? Igual que a los humanos se nos caen los dientes de leche, a los tiburones también se les caen, pero **¡cada día, durante toda su vida!**

Además, en vez de tener una única fila de dientes, los tiburones tienen varias. En cada fila pueden llegar a tener entre 40 y 60 dientes. Cuando los dientes de la primera fila se desgastan, se caen y los dientes de la fila de detrás los sustituyen: de ese modo, **están siempre afilados**.

Existen tiburones, como el **tiburón limón**, que cambian toda una fila de 60 dientes en solo ocho días. A otros les lleva más de un mes, como a la pintarroja.

Los dientes de un tiburón nos pueden decir mucho sobre su alimentación. Si son delgados y puntiagudos, como agujas, los usarán para atrapar pequeños peces, para que no se escapen. En cambio, si tienen los dientes anchos, planos y aserrados, como los del tiburón blanco, los usarán como cuchillos para cortar trozos de presas grandes, como focas. Un caso especial es el tiburón ballena, que acumula miles de diminutos dientes en las más de 300 filas que recorren su mandíbula.

¿HAY TIBURONES VEGETARIANOS?

Sí, existen tiburones que son vegetarianos… ¡o casi! De hecho, son un caso realmente extraordinario: el **tiburón cabeza de pala**. No es uno de estos tiburones que se alimentan filtrando plancton, como el tiburón ballena o el peregrino. Es primo del tiburón martillo y **basa gran parte de su dieta en plantas marinas**.

¿Por qué es este hecho tan extraordinario? Verás, extraer nutrientes de las plantas no es tan sencillo como podría parecer. Las plantas son muy resistentes, por eso los animales que se alimentan de ellas necesitan **aparatos digestivos muy largos** y especialmente adaptados para poder obtener su energía.

Este pequeño tiburón, que mide menos de un metro, con un aparato digestivo de carnívoro preparado para digerir carne, ha conseguido ganar peso con una dieta mayoritariamente vegetariana, gracias a **la ayuda de unas bacterias que viven en su intestino** y que se encargan de romper las partes más resistentes de estas plantas. Esto permite al tiburón terminar de digerirlas y conseguir los nutrientes con facilidad. Es el mismo sistema que utilizan otros carnívoros que se alimentan de plantas, como los osos panda.

> Para comprobar si el tiburón cabeza de pala podía obtener nutrientes de las plantas, los científicos alimentaron a un grupo de ellos durante tres semanas con una dieta compuesta principalmente de vegetales y un poco de calamar. Al ver que los tiburones habían ganado peso, tomaron muestras y descubrieron que los nutrientes responsables de ese aumento provenían de las plantas que habían comido.

¿TIENEN LOS TIBURONES CINCO SENTIDOS PRINCIPALES?

Vista, tacto, gusto, oído y olfato. Esos son los cinco sentidos principales que tenemos todos los humanos, que nos permiten relacionarnos con el mundo que nos rodea. Los tiburones también los poseen, pero además **tienen dos sentidos más**, cosa que los convierte en unos auténticos superanimales.

El primero es un sentido del tacto muchísimo más desarrollado que el nuestro. Ellos pueden sentir lo que pasa a su alrededor gracias a una línea de células muy sensibles que tienen a lo largo de todo su cuerpo. Se llama «línea lateral» y los ayuda a detectar vibraciones y sonidos que ocurren cerca, **incluso cuando no pueden ver lo que las causa**.

El segundo sentido especial que poseen los tiburones se conoce como **electrorrecepción**. Con él, pueden llegar a sentir la electricidad que producen otros animales gracias a unos pequeños agujeritos llenos de gel que tienen, sobre todo, en el morro, que se llaman **ampollas de Lorenzini**. Con estas ampollas, los tiburones pueden notar cosas tan pequeñas como el latido del corazón de un pez. Los científicos creen, además, que pueden sentir los cambios del campo magnético de la Tierra, lo que los ayuda mucho a orientarse. ¡Es como si tuvieran una brújula incorporada, lo que los convierte en unos perfectos rastreadores de submarinos!

¿POR QUÉ LOS TIBURONES NADAN CON LA ALETA FUERA DEL AGUA?

Si le preguntas a una persona con fobia a los tiburones qué escena representa mejor el peligro, seguramente te dirá que una gran aleta nadando en círculos a su alrededor. Pero **¿nadan dejándola fuera del agua para atemorizar a sus presas?**

No lo hacen por ninguna razón especial. La aleta se asoma fuera del agua porque nadan **muy cerca de la superficie**.

Muchos tiburones, como los de puntas negras, suelen tener a sus crías muy cerca de la orilla, donde están más protegidas, y a veces nadan en aguas tan poco profundas que sus aletas sobresalen del agua. Otros tiburones hacen esto para buscar comida cerca de la superficie. Los más grandes, como el tiburón blanco o la tintorera, prefieren cazar al amanecer o al atardecer. **¡Algunas especies incluso salen del agua para ir a buscar comida!** Por ejemplo, las pintarrojas oceladas pueden arrastrarse por las rocas cuando baja la marea para llegar a pequeñas pozas donde se alimentaban pececillos atrapados.

Pero no solo los tiburones cazadores merodean por la superficie. Puede que, si ves una aleta enorme asomada fuera del agua, quizá sea la de un **tiburón peregrino**, un gigante bonachón que se alimenta filtrando el plancton que crece gracias a la luz solar.

¿HABLAN LAS ORCAS ENTRE SÍ PARA CAZAR?

Las orcas tienen unas estrategias de caza en grupo muy complejas y elaboradas. Lo más alucinante es que cada grupo de orcas, formado por miembros de la misma familia, está especializado **en una técnica concreta**.

Las orcas españolas del mar Mediterráneo se han especializado en capturar a los atunes que pasan cada año por el estrecho de Gibraltar, persiguiéndolos hasta agotarlos o robándoselos a los pescadores antes de que los suban al barco. Las de la Antártida **colaboran para cazar** pingüinos: mientras unas los persiguen hasta la orilla, otras los esperan allí para pillarlos desprevenidos. Las orcas del Ártico, en cambio, rodean los bancos de arenques, mostrándoles su barriga blanca para asustarlos, y, cuando están muy juntos, los golpean con la cola para aturdirlos. Y todo lo hacen perfectamente coordinadas.

Pero ¿hacen todo esto por instinto? No, todas estas técnicas son **transmitidas de padres a hijos** a través de la comunicación. Las orcas tienen un lenguaje formado por silbidos y chirridos. Este lenguaje es único para cada grupo, lo utilizan tanto para comunicarse y crear un vínculo familiar como para coordinarse durante la caza. Y lo más increíble es que cada grupo tiene una forma de comunicarse diferente.

> Las orcas no solo pueden aprender a hablar los dialectos de otros grupos de orcas. Wikie, una orca criada en cautividad, aprendió a decir palabras humanas como «hola», «adiós» o «uno, dos, tres».

¿CUÁLES SON LOS PUNTOS CON MAYOR BIODIVERSIDAD DEL PLANETA?

Hay zonas de la Tierra, como los desiertos, en las que viven pocas especies debido a las temperaturas extremas y falta de agua. Otras, por contra, están llenas de especies diferentes de animales, plantas, hongos…, ¡incluso bacterias! Esos ecosistemas tienen muchísima biodiversidad, es decir, **viven en ellos un montón de especies distintas**, ¡y son importantísimos para el planeta!

Fuera del agua, las selvas tropicales como el Amazonas son **las reinas de la biodiversidad**. Se estima que en ellas viven la mitad de todas las especies terrestres. ¡Eso es una auténtica barbaridad!

¿Y dentro del agua? Pues allí, en **los arrecifes de coral**, es decir, en una zona pequeñísima del océano, vive una cuarta parte de todas las especies marinas. Es como si un cuarto de todas las personas, animales y plantas de una ciudad entera vivieran… ¡en un solo piso!

Estos ecosistemas **son el corazón del planeta**. Algunos crean el oxígeno que respiramos; otros, como los arrecifes de coral, funcionan como una gran guardería en la que millones de peces nacen y crecen. Además, ¿sabías que muchos de los medicamentos que tomamos se descubrieron gracias a la variedad de especies que habitan en los arrecifes de coral? Por eso es nuestro deber protegerlos y mantenerlos sanos, para que puedan seguir cuidándonos a nosotros… y al planeta.

¿QUIÉNES SON LOS AUTÉNTICOS REYES DEL CAMUFLAJE EN EL REINO ANIMAL?

Mucha gente cree que los reyes del camuflaje son los camaleones, porque pueden cambiar el color de su piel; pero se equivocan. Aunque los camaleones tengan esa fama, los campeones indiscutibles del camuflaje son... **¡los pulpos y las sepias!**

Estos increíbles animales no solo cambian de color, sino que dibujan en su piel todo tipo de formas y patrones. **¡Incluso cambian su textura!** Pueden hacer que se vuelva lisa o áspera para camuflarse en la arena, piedras o algas. Y lo más increíble de todo es que hacen estos cambios en milisegundos.

¿Y cómo lo hacen? Gracias a unas **células especiales de distintos colores que conforman su piel**, y que reflejan y dispersan la luz que les llega. Estas células pueden hacerse más grandes o pequeñas. Cuando se hacen grandes, su color se ve más. En cambio, si se hacen pequeñas, se ve menos. De esta forma, si quieren que su piel parezca oscura, abren mucho sus células oscuras, y, cuando quieren que su piel parezca clara, las cierran para conseguir un color marrón muy clarito.

El camuflaje no solo les sirve para **esconderse**, sino que también lo usan para **disfrazarse**. Se ha observado que las sepias imitan a los cangrejos ermitaño para acercarse a los peces sin ser vistas, y que algunos pulpos, como el pulpo mimo, son capaces de imitar a otros animales, como serpientes, peces león o lenguados.

¿CUÁL ES EL ANIMAL QUE VIVE MENOS TIEMPO?

Solo cinco minutos, lo que tardamos en prepararnos un bocadillo: esa es la esperanza de vida de una especie perteneciente al grupo de las **efímeras**. Estos diminutos insectos voladores, del tamaño de un guisante, apenas tienen tiempo de hacer nada antes de morir. Y no es que mueran por ser presa de otros animales: en su corta vida llevan a cabo una actividad tan frenética que mueren de agotamiento.

Pero la respuesta **tiene truco**: estos insectos viven apenas unos pocos minutos como «adultos», pero pueden vivir más de un año en forma de ninfa (así se llama a muchos insectos cuando son jóvenes) en las aguas limpias y cristalinas de los ríos.

Cuando las ninfas se transforman en adultos, miles de efímeras emergen del agua a la vez, formando nubes de insectos alados tan densas que incluso pueden ser detectadas por los radares meteorológicos. En ese breve instante, utilizan toda la energía acumulada durante su juventud para poner huevos y reproducirse. Están tan centradas en su misión que **ni siquiera tienen boca para comer**.

Esta especie tiene dos tipos de hembras: las claras, que ponen huevos en el mismo sitio donde nacieron y mueren a los pocos minutos, y las oscuras, que se aventuran a buscar nuevos hábitats y pueden llegar a vivir hasta dos horas.

Así que, si alguna vez ves una efímera, ¡considérate afortunado! No porque sean raras, sino porque son muy sensibles a la contaminación. **Significará que estás cerca de un río sano y limpio.**

¿QUÉ INSECTO PASA MÁS TIEMPO SIENDO UNA NINFA?

¿Te parece mucho que las efímeras vivan un año antes de ser adultas? Pues el siguiente insecto es todavía más increíble. Aunque la mayoría de los insectos, como las mariposas, pasan solamente unas semanas o meses en su etapa de oruga antes de transformarse, algunas cigarras permanecen como ninfas… **¡hasta diecisiete años!**

Se les llama **cigarras periódicas**, viven en Estados Unidos y su forma de vida es supercuriosa. Cuando las cigarras adultas ponen los huevos, nacen de ellos las ninfas, que se entierran enseguida bajo tierra. Allí, crecen muy lentamente, alimentándose de la savia de raíces de árboles y arbustos. Durante diecisiete años, no hacen otra cosa que comer y esperar. Finalmente, cuando llega el momento, salen volando hacia la superficie, transformándose en cigarras adultas y creando enjambres de millones de cigarras, que cubren farolas, coches y casas enteras.

> Todavía no se sabe con certeza por qué las cigarras salen todas al mismo tiempo. Algunos científicos piensan que, como vuelan mal y son algo torpes, de ese modo tienen más posibilidades de encontrar pareja… y es menos probable que otros animales se las coman.

Pero no todas salen cada diecisiete años. Algunas cigarras tienen ciclos diferentes y salen cada trece años. De ese modo, los dos grupos evitan coincidir y se encuentran únicamente… **cada 221 años**. Cuando eso ocurre, **¡se desata una invasión de cigarras por todas partes!** Pero no te preocupes: estos pequeños animales ni pican ni hacen daño.

¿PARA QUÉ SIRVEN LOS MOSQUITOS?

Junto a las cucarachas, los mosquitos son los insectos menos queridos. Sus picaduras pueden llegar a molestarnos durante días y sus irritantes zumbidos nos despiertan en las noches de verano. Entonces, **¿no sería mejor que desaparecieran?** Pues, en realidad, no. Para entenderlo, debemos dejar de centrarnos únicamente en los humanos.

De entrada, no todos los mosquitos pican. Solo lo hacen las hembras cuando van a poner los huevos. Los machos se alimentan de néctar y, al hacerlo, polinizan las flores, como las abejas. **Gracias a eso, podemos tener frutos.** Además, los mosquitos son el alimento de muchos animales, como peces, pájaros, murciélagos, salamanquesas o arañas, que los necesitan para sobrevivir.

Como ves, los mosquitos y **las funciones que llevan a cabo en la naturaleza son esenciales** para que todo se mantenga en equilibrio. Por eso, debemos aprender a convivir con ellos previniendo sus picaduras con repelentes naturales y evitando que entren en casa.

Y si alguna vez te lo habías preguntado: sí, **prefieren picar a unas personas más que a otras**. Al parecer, hay ciertos olores corporales que los atraen más, y no les gusta cuando las bacterias de nuestra piel están sanas y equilibradas. Por eso, es importante que cuides tu piel. También les gustan más las embarazadas, los que beben cerveza… ¡y el olor a pies!

¿LOS CARACOLES TIENEN DIENTES?

Todos sabemos que los caracoles son animales que se desplazan lentamente, mientras se deslizan sobre su baba llevando a cuestas un enorme caparazón. Si nos quedamos solo con eso, nos perderemos **una de sus características más increíbles**: sus dientes.

Los caracoles no tienen mandíbula, así que no pueden morder. Sin embargo, si alguna vez te has puesto un caracol sobre la palma de la mano, habrás notado unas cosquillitas. ¿Es eso posible? ¡Pues sí! Porque, aunque no tengan mandíbula, **los caracoles tienen dientes**.

Son dientes diminutos, colocados en filas sobre una lengua especial llamada **rádula**. Funciona como una lija, que va raspando las hojas o frutas de las que se alimentan, e incluso piedras recubiertas de algas. El número y la forma de esos dientes dependen de la especie y de lo que se alimenten. Las especies carnívoras suelen tener menos dientes, especializados en cortar, agarrar o inyectar: es el caso del caracol cono, que tiene únicamente dos dientes que utiliza como aguja para inyectar veneno. En cambio, otras especies herbívoras pueden tener **más de ¡25.000 dientes!** Tienen tantos porque se van renovando cuando se desgastan al alimentarse. Esto convierte a los caracoles en una de las especies con más dientes del planeta.

> Además de ser muchos, son extremadamente resistentes. Por ejemplo, los dientes de las lapas, primas de los caracoles, son más resistentes que la tela de araña, lo que los hace el material natural más duro conocido.

¿SON LAS SALAMANQUESAS LAS MEJORES ESCALADORAS DEL MUNDO ANIMAL?

¡Porque sus pies parecen de otro planeta! Si das un paseo nocturno por las calles de un pueblo, es probable que veas una o varias salamanquesas subiendo por las paredes, intentando atrapar polillas y otros insectos que se ven atraídos por la luz de las farolas. Estos grandísimos escaladores pueden subir paredes rugosas, lisas, húmedas **ie incluso colgarse boca abajo sin caerse!** Y no lo consiguen porque tengan ventosas o pegamento en sus dedos, sino porque han perfeccionado una técnica increíble que ha servido, incluso, para diseñar robots espaciales.

Cada uno de sus dedos está recubierto por millones de pelos microscópicos llamados **setas**. A su vez, de cada seta salen cientos de puntas más pequeñitas, haciendo que cada salamanquesa pueda llegar a tener cientos de millones de esas puntas. Y aquí está el secreto: esos pelitos son capaces de atraer cualquier superficie, de una forma muy débil individualmente, pero cuando se juntan millones…, ¡magia! Es como si las salamanquesas tuvieran un imán en los pies que funciona en todas las superficies.

Lo mejor de todo es que pueden pegar y despegar sus pies sin dejar restos ni perder capacidad de agarre. Además, su piel es tan aislante que no se le adhiere el polvo ni se moja, por lo que siempre está lista para pegarse cuando y donde lo necesite. Resulta tan efectiva que una salamanquesa **podría colgarse de un solo dedo y no se caería**.

¿POR QUÉ NO DEBO AGARRAR UNA RANA SI NO LLEVO GUANTES?

Mucha gente piensa que las ranas y los sapos son venenosos y que, por eso, no se deben tocar. Aunque muchas especies sí que segregan sustancias tóxicas a través de la piel, el verdadero motivo por el que no debemos tocarlos es **por su seguridad**.

La piel de los anfibios, como ranas, sapos y salamandras, es muy fina, sensible y permeable, y está especializada en absorber agua y gases. Por eso, absorberá cualquier sustancia que tengamos en nuestra mano, como jabones o desinfectantes. Si los tocamos, **podemos dañar su capa protectora**, y eso los deja más débiles frente a las bacterias y los hongos. Además, son animales muy frágiles y podemos hacerles daño con tan solo apretarlos un poco.

Pero hay algo aún más grave: en los últimos años, **los anfibios están sufriendo una de las peores pandemias** jamás vistas, que ha hecho que sea el grupo de animales más amenazado del planeta. La enfermedad está causada por un hongo y resuelta devastadora para ellos, debido a que se contagia muy fácilmente. Puede acabar con todos los anfibios de una charca en muy poco tiempo. A veces, sin saberlo, podemos llevar ese hongo en nuestra piel y pasárselo a la rana solo con tocarla. Por eso, si ves una rana en el campo, lo mejor es observarla desde lejos y disfrutar de sus brincos y cantos.

¿CUÁL ES EL MAMÍFERO MÁS PEQUEÑO DEL MUNDO?

El honor de ser el mamífero más pequeño del mundo **lo comparten dos especies**: una terrestre, la musaraña etrusca, y otro volador, el murciélago abejorro.

La diminuta **musaraña etrusca** es el mamífero que menos pesa del mundo: **1,2 gramos**. ¡Lo mismo que media moneda de un céntimo! Además, cabe en una cucharilla de café, porque mide tan solo cuatro centímetros. Vive en Europa, Asia y el norte de África, y a pesar de ser tan pequeña es muy activa y se pasa todo el día buscando insectos para comer.

La musaraña es el que menos pesa, pero el récord al mamífero más pequeño se lo lleva **el murciélago abejorro**: mide tan solo **tres centímetros**, lo mismo que un tapón de botella, y pesa dos gramos. Vive en cuevas de Tailandia, es un gran cazador de insectos voladores y lamentablemente está en peligro de extinción.

La vida no es nada fácil para estos animales. Estos mamíferos son muy sensibles al frío, lo que hace que gasten muchísima energía generando calor. Por esa razón están en constante movimiento, buscando alimento con el que conseguir la energía que necesitan para sobrevivir. Esto hace que tanto el latido de su corazón como su respiración tengan que ir extremadamente rápidos. Tanto que también tienen el récord de ser **los mamíferos a los que más rápido les late el corazón**.

¿CÓMO SABEN LOS SALMONES VOLVER AL RÍO DONDE NACIERON PARA PONER SUS HUEVOS?

Los salmones nacen en los ríos de las montañas, donde el agua está limpia, fresca y repleta de oxígeno. Cuando crecen, emprenden **un viaje de miles de kilómetros hacia el mar** para alimentarse y poder hacerse más grandes. Lo lógico sería que se quedaran en el mar el resto de su vida, donde hay alimento de sobra, pero no lo hacen. Cuando quieren reproducirse, vuelven a los mismos ríos en los que nacieron. Allí pondrán huevos y nacerán sus hijos.

Pero **¿cómo recuerdan el camino de vuelta a su río?**

Principalmente de dos formas. Cuando emprenden el viaje de ida, utilizan unas células especiales que tienen en la nariz que les permiten orientarse y que funcionan de manera similar a las brújulas: **señalan siempre al norte debido al magnetismo de la Tierra**. Es como si tuvieran un GPS incorporado.

Luego, cuando ya están cerca, utilizan su olfato para dar con el río exacto en el que nacieron. ¡No les vale cualquier río cercano! Y logran diferenciarlo de una forma muy precisa, porque **cada río desprende un olor diferente**. Cada río tiene una combinación distinta de piedras, plantas y microorganismos, lo que lo dota de un olor muy especial. Los salmones lo recuerdan como si fuera el olor de su casa, y gracias a eso saben exactamente dónde regresar.

¿POR QUÉ LAS MOFETAS HUELEN TAN MAL?

Aunque principalmente vivan en América, las mofetas son famosas en todo el mundo por su mal olor. Pero ¿qué hace que huelan tan mal? Este horrible olor no es suyo propio, es decir, no huelen mal siempre. Muy cerca de su trasero **tienen unas bolsitas con un líquido con un olor muy fuerte** y desagradable: una especie de aceite que huele a huevos podridos y cebolla pasada.

Cuando las mofetas se sienten amenazadas, disparan ese horrible líquido para defenderse. ¡Y pueden dispararlo hasta a tres metros de distancia! Así logran espantar al enemigo sin tener que pelear y sin lastimarse. Además de usarlo como defensa, también lo usan para dejar mensajes a otras mofetas y para marcar el lugar en el que viven.

> Este líquido no solo huele mal, sino que puede causar irritación e incluso ceguera durante un tiempo si te cae en los ojos. Es tan efectivo que los depredadores de las mofetas solo necesitan una rociada para saber que no deben molestar a estos animales.

Aunque las mofetas tienen un excelente sentido del oído y también del olfato, su vista no es la mejor, por lo que te pueden confundir con un depredador. Pero **no pienses que te rociará inmediatamente**. Primero avisan: intentarán asustarte levantando la cola, se pondrán sobre dos patas y luego harán unos sonidos muy agudos. Si aun así no te has ido, recurrirán a su última opción, que es bañarte con ese aceite apestoso y huir rápidamente. Así que, si alguna vez te rocía una mofeta, es probable que sea más culpa tuya que suya.

¿QUÉ ANIMAL PONE EL HUEVO DE TAMAÑO MÁS DESPROPORCIONADO?

El huevo más grande puesto por cualquier ave es el de avestruz, aunque, para ellas, poner el huevo más grande es bastante sencillo, porque son enormes. Hay un pájaro pequeñito (tanto como una gallina) que pone un huevo casi tan grande como el de avestruz: **el kiwi**.

El kiwi es un ave bastante extraña: tiene un gran cuerpo redondeado de color marrón, un pico largo y fino, y unas alas diminutas con las que no puede volar. Vive únicamente en las islas de Nueva Zelanda. Y, además, pone un huevo enorme: **¡casi del tamaño de la mitad de su cuerpo!** Es como si una mujer diera a luz a un niño de tres años.

Como podrás imaginar, tener un huevo tan grande dentro del cuerpo no es nada fácil. La **mamá kiwi** necesita mucha energía para formarlo, así que, al inicio, tiene que comer mucho. Pero los últimos días, cuando el huevo pesa y ocupa tanto espacio, la mamá kiwi no puede casi moverse ni comer. ¡No le queda espacio en la barriga para la comida!

Entonces, **¿por qué ponen unos huevos tan grandes?** Como los kiwis son incapaces de volar, forman sus nidos en el suelo, donde hay muchos peligros. Además de grandes, sus huevos tienen muchísima yema, que es muy nutritiva. Gracias a esto, los polluelos de kiwi nacen fuertes y pueden valerse por sí mismos horas después de haber nacido. Así que tienen más posibilidades de sobrevivir.

¿HAY PÁJAROS QUE CRÍAN POLLUELOS DE OTRAS ESPECIES?

La mayoría de los pájaros cuida a sus propios polluelos. Pero hay unos pájaros muy listos, como son los cucos o los críalos, que no cuidan a sus propios hijos, sino que **hacen que otros lo hagan por ellos**.

¿Cómo lo consiguen? Pues con **un truco**: cuando los dueños del nido no están mirando, la mamá cuco deja uno de sus huevos allí, escondido entre los demás. Luego se va volando… ¡y no vuelve! Cuando regresan los dueños del nido, no se dan cuenta del engaño y cuidan del huevo como si fuera uno de los suyos. Lo peor de todo es que el huevo del cuco suele romperse antes que los demás. El polluelo nace primero, crece muy rápido y a veces empuja a los otros fuera del nido. Así se queda con toda la comida y toda la atención. ¡Y los papás adoptivos ni siquiera se dan cuenta!

Eso sí, tener un invasor más grande en el nido a veces es **una ventaja**: si hay depredadores cerca, los padres cucos pueden defender el nido donde está su cría, protegiendo también al resto de los polluelos.

Las **hembras del críalo** también ponen huevos en los nidos de otras especies, sobre todo de las urracas. Si las urracas descubren que ese huevo no es suyo y lo expulsan, los papás críalo se enfadan tanto que pueden incluso destrozar todo el nido de las urracas, así que, a veces, estas aceptan cuidar del huevo extra para evitar represalias. Eso sí, a diferencia de los cucos, cuando el bebé críalo nace, no empuja los huevos de los hermanastros fuera del nido, sino que deja que nazcan y compite con ellos por la comida y la atención de mamá y papá urraca.

¿QUÉ HACEN LAS AVES RAPACES CON LO QUE NO PUEDEN DIGERIR?

Cuando comemos carne, lo hacemos sin las plumas, los pelos o los huesos. Pero las aves rapaces (como son las lechuzas, los cernícalos o los búhos) se comen los ratones enteros. Y, al igual que nos sucede a los humanos, **las aves rapaces tampoco pueden digerir algunas partes de esa carne**. Si intentaran expulsarlas con las heces, podrían quedarse atascadas y lastimarlas. Entonces, ¿qué hacen para evitarlo?

Pues van acumulando estas partes en un saco dentro de su cuerpo, llamado **buche**. Cuando el saco está lleno, lo regurgitan (es decir, lo vomitan). Otros pájaros insectívoros, como los abejarucos, también las expulsan con todos los restos de caparazones de escarabajos y otras partes duras de los insectos de los que se alimentan.

Esas bolas formadas por pelo, huesos, trozos de caparazón y otras partes se llaman **egagrópilas** y son muy útiles para los científicos: gracias a ellas pueden saber qué especies de aves habitan una zona y, analizándolas para saber qué han comido, qué otros animales viven en ese ecosistema.

> Cuando los científicos encuentran plásticos u otros restos de basura en las egagrópilas, pueden saber cuánta contaminación hay en una zona y cómo afecta a los animales. En un estudio reciente, se descubrió que ocho de cada diez egagrópilas contenían microplásticos. Esto nos enseña lo importante que es no dejar basura en la naturaleza, para que los animales puedan vivir sanos y seguros.

¿SON LOS CÓRVIDOS LAS AVES MÁS INTELIGENTES?

Dentro de la familia de los córvidos podemos encontrar los cuervos, las urracas o las cornejas. Son animales muy inteligentes, tanto que algunos científicos dicen que **su inteligencia se parece mucho a la de un niño pequeño**. ¡Y eso es mucho para un pájaro!

Son de los pocos animales capaces de **crear y usar herramientas para conseguir alimentos**. Por ejemplo, les dan forma a palitos y alambres, para construir ganchos y sacar gusanos de agujeros. Algunos cuervos son capaces de juntar varios palitos para formar uno largo y llegar hasta la comida. Otros cuervos, además, guardan su palo favorito en un sitio seguro para tenerlo siempre disponible.

Y no solo crean herramientas: incluso **pueden resolver pruebas muy difíciles** mediante el razonamiento y la lógica. Por ejemplo, en un experimento unos cuervos aprendieron que, cuando metían un trozo de papel pequeñito en una máquina, conseguían comida. Cuando se quedaron sin papeles pequeños, rompieron los grandes hasta que tuvieron el tamaño necesario. También **tienen buena memoria**: pueden recordar los escondites donde guardan su comida, y saben contar desde que nacen. **¡Y son muy juguetones!** De jóvenes, les encanta deslizarse en la nieve y columpiarse en las ramas.

> Aparte de ser muy listos, también son rencorosos.
> Si una persona los molesta o asusta, recordarán su cara
> durante mucho tiempo. Además, avisarán a otros cuervos
> para que los ayuden a perseguir a esa persona todos
> juntos. Así que ya sabes: ¡no te metas con ellos!

¿A LOS CUERVOS LES ATRAEN LOS OBJETOS BRILLANTES?

Seguro que has leído en algún cuento que los cuervos (o sus primas, las urracas) **son coleccionistas y ladrones de objetos brillantes** de todo tipo: anillos, monedas, collares, pendientes… porque se ven irresistiblemente atraídos por su brillo. Pero ¿es cierto? ¡No del todo!

Es muy raro ver a estos animales recolectando objetos brillantes. Los científicos han hecho experimentos y han descubierto que, en realidad, **a los cuervos y las urracas no les gustan estos objetos**. De hecho, les dan un poco de miedo porque les parecen cosas extrañas. En los experimentos, estas aves prefirieron recoger cacahuetes a anillos brillantes.

Entonces, ¿por qué se dice que los cuervos coleccionan objetos brillantes? Lo que pasa es que **son animales de lo más curiosos**. Les gusta recoger objetos llamativos, no porque brillen, sino para jugar, observarlos o esconderlos, como harían con cualquier otro objeto. La diferencia es que cuando un cuervo recoge, por ejemplo, una moneda del suelo, la gente se sorprende y lo recuerda, pero si recoge un trozo de plástico, es posible que nadie se dé cuenta y que esta acción pase más desapercibida. Por eso puede parecer que solo les gustan las cosas brillantes, aunque esto no sea verdad. ¡Los cuervos son tan inteligentes que **algunos han aprendido que, si llevan algo brillante a una persona, pueden conseguir comida** a cambio!

¿POR QUÉ LOS BUITRES NO TIENEN PLUMAS EN LA CABEZA?

Los buitres son de las pocas aves a las que les falta lucir plumas en la cabeza y en el cuello. Eso hace que parezcan menos elegantes que las águilas, que lucen majestuosas con la cabeza bien emplumada. Sin embargo, **¡esa calvicie tiene un propósito específico!**

Los buitres son animales carroñeros, es decir, que se alimentan de los animales que han muerto. Aunque suene un poco asqueroso, hacen un trabajo importantísimo: mantienen los bosques limpios de restos que podrían causar enfermedades a otros animales, o incluso a nosotros. **¡Son como los barrenderos del reino animal!**

Sin embargo, es una tarea muy arriesgada. A veces, para llegar a la carne de la que se alimentan, tienen que meter la cabeza dentro del cuerpo del animal. Si tuvieran plumas ahí, se ensuciarían de restos muy difíciles de limpiar. **Al tener la cabeza pelada, pueden limpiarse fácilmente** y mantenerla libre de enfermedades.

Además, como suelen vivir en lugares algo calurosos, tener **el cuello desnudo** les permite estar más frescos. Y aún hay más: los buitres con capaces de cambiar el color de su piel. Lo usan para mandar mensajes a otros buitres, poniéndola más clara o roja en función de lo que quieran transmitir.

Así que, aunque no ganen ningún certamen de belleza, **su cabeza desplumada es imprescindible para hacer este trabajo** tan importante.

¿DUERMEN REALMENTE LOS OSOS TODO EL INVIERNO?

No exactamente: ¡lo que hacen es mucho más alucinante! Durante los meses de invierno, todo su cuerpo entra en **modo ahorro**: baja su temperatura, su corazón late muy despacito y respiran mucho menos. A esto se le llama **hibernar**. Pero ¿por qué lo hacen?

La respuesta es sencilla: **para sobrevivir**. Un oso adulto necesita comer 20 kilos al día de fruta, plantas y carne. En primavera y verano eso es fácil, pero cuando llega el invierno todo se complica. Hace frío, hay poca comida y encima necesitan más energía para mantenerse calientes, así que, para poder aguantar, hibernan.

Durante la hibernación, los osos llevan a su cuerpo hasta el extremo: el corazón les late solo ocho veces por minuto, en lugar de sesenta, respiran una vez cada 45 segundos y pueden perder más de 100 kilos. **Tampoco hacen ni pis ni caca.** Son capaces de transformar la orina en proteínas, manteniendo los músculos siempre fuertes y preparados. Si no lo hicieran así, al terminar la hibernación los músculos serían tan débiles que los osos no podrían andar. ¿Y con la caca? Pues la poca que producen la guardan y, cuando se acaba la hibernación, hacen de golpe toda la caca que no han podido hacer durante el invierno. ¡Qué alivio les debe de dar!

> Pero esto no quiere decir que estén dormidos todo el tiempo. Los osos se despiertan, dan pequeños paseos ¡e incluso tienen a sus crías y les dan de amamantar!

EN LAS MANADAS DE LOBOS, ¿EL LÍDER ES EL «MACHO ALFA»?

Siempre hemos pensado que las manadas de lobos estaban lideradas por el «macho alfa», **el lobo más fuerte** y al que todos obedecen.

Esto no es cierto. La idea de que el «macho alfa» es el líder en las manadas viene de **estudios antiguos realizados con lobos en cautividad**. Estos eran lobos rescatados, que no se conocían entre sí y, en ese caso, sí que hay lobos que se pelean y mandan por la fuerza.

Sin embargo, **en la naturaleza, las manadas de lobos son familias**. En ellas quien manda no es el lobo más fuerte y agresivo: mandan los padres, que son los más mayores y con más experiencia. El resto de los lobos obedecen, aprenden de ellos y ayudan a cazar y a cuidar de los cachorros. Cuando los más pequeños se hacen adultos, no intentarán derrotar a sus padres para convertirse en los líderes, sino que se marchan en busca de su pareja para formar su propia manada.

Los padres no lideran siendo agresivos e infundiendo miedo. Lo hacen comunicándose, **guiando y enseñando al grupo**. Todos los respetan porque son los que tienen más experiencia. Si surge alguna pelea, el grupo lo resolverá sin violencia, manteniendo a la manada unida.

> Ha habido casos en los que una familia de lobos ha adoptado y criado a niños como si fueran de su especie. Sucedió con Marcos Rodríguez: cuando tenía solo seis años lo adoptó una familia de lobos. Cuenta que la mamá loba lo alimentaba y cuidaba como a uno de sus cachorros y vivió con ellos durante doce años.

¿CUÁL ES EL ANIMAL MÁS FEROZ?

Hay muchos animales que por su tamaño y sus proezas podrían ganarse el título de «animal más feroz del mundo». Pero, si existe uno capaz de sobrevivir a casi todo y de conseguir hazañas increíbles, es **el glotón**.

El glotón o carcayú vive en los fríos bosques cercanos al Polo Norte. Se parece a un oso, pero **es más pequeño que un perro mediano**. Y, aunque solo pesa dieciocho kilos, puede hacer cosas increíbles.

Como su nombre indica, es un glotón que come todo lo que puede. **Es capaz de cazar animales cinco veces más grandes que él** (como ciervos y caribúes), y es tan fuerte y perseverante que incluso pumas, lobos y osos jóvenes prefieren huir antes que enfrentarse a él.

Más legendaria que su fuerza es su resistencia. Puede soportar el frío extremo, estar mucho tiempo sin comer y arrastrar presas enormes por la nieve durante kilómetros. Tiene tanta resistencia al dolor que, si le hacen una herida, el glotón seguirá luchando y moviéndose como si nada. ¡Eso de cojear y hacerse la víctima no va con él! Y, por si fuera poco, puede expulsar un líquido que huele muy fuerte, parecido a las mofetas.

Por su fama feroz y resistente, el glotón ha inspirado a un conocido personaje de cómics y películas: Lobezno. De hecho, comparten nombre en inglés: **Wolverine**.

¿EXISTEN ANIMALES PIRÓMANOS?

Un pirómano es una persona que provoca incendios causando mucho daño a la naturaleza. Pero no solo existen personas malas que hacen eso: los científicos han descubierto que **algunos animales también provocan incendios... ia propósito!** No por maldad, sino porque el fuego los ayuda a sobrevivir o a conseguir comida más fácilmente.

Son tres especies de aves rapaces australianas: **el milano negro, el milano silbador** y **el halcón berigora**. Se alimentan de ratones y otros pequeños animales que suelen estar escondidos en sus guaridas. Pero ellas han ideado un plan para obligarlos a salir de su escondite.

Estas aves, al ver un pequeño incendio, se acercan y agarran palos humeantes o que todavía están ardiendo y los echan en los matorrales cercanos a las madrigueras de sus presas. Cuando se crea ese nuevo incendio, las presas salen asustadas y desorientadas de su escondite: entonces **es cuando las rapaces aprovechan para cazarlas**.

> Estas especies utilizan el fuego como una herramienta para conseguir su objetivo, algo que se creía que solo hacían los humanos. Y como son especies que llevan en la Tierra desde mucho antes que el ser humano aprendiera a usar el fuego, es posible que fueran ellas las primeras en hacerlo. ¿No es alucinante?

Este comportamiento solo se ha estudiado en estas tres especies de Australia, pero se han visto también **en otras de África o América**.

¿POR QUÉ HAY ANIMALES A LOS QUE LES BRILLAN LOS OJOS EN LA OSCURIDAD?

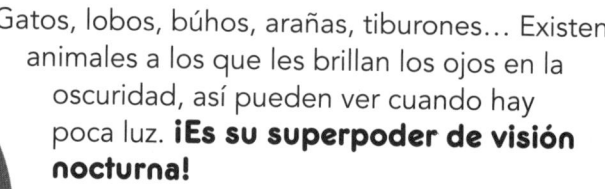

Gatos, lobos, búhos, arañas, tiburones… Existen animales a los que les brillan los ojos en la oscuridad, así pueden ver cuando hay poca luz. **¡Es su superpoder de visión nocturna!**

Son animales que suelen salir por la noche y, si quieren ver algo, deben aprovechar al máximo la poca luz que hay, como la de la luna o las estrellas. Para ello, en el fondo del ojo **tienen una capa especial que funciona como si fuera un espejo**, donde esta luz rebota y pasa dos veces por sus ojos.

Gracias a este truco, **los gatos pueden ver casi el doble en la oscuridad**. Parte de la luz que rebota dentro de sus ojos sale también hacia fuera, ¡y por eso sus ojos brillan cuando les da la luz!

Lo curioso es que cada especie tiene esta capa ocular un poco distinta. Eso hace que **a cada una le brillen los ojos de un color diferente**: a gatos, perros, zorros y cocodrilos les brillan de color verde; a caballos, ciervos y tiburones, de azul; a ratas, ratones, coyotes y búhos, de rojo; y a leones, de amarillo.

Las personas no tenemos este espejo, porque nuestro ojo está adaptado para ver muy bien de día. **¡Por la noche es mejor dormir!**

¿CUÁL ES LA HORMIGA MÁS RÁPIDA DEL MUNDO?

¿Sabías que hay una hormiga que ha aprendido a vivir donde casi nadie puede y se aprovecha de ello? **Es la hormiga del desierto.**

Esta pequeña hormiga vive en uno de los lugares más calurosos del mundo: **el desierto del Sahara**. Allí, sale a buscar comida justo al mediodía, cuando hace más calor y ningún otro animal se atreve a moverse. De hecho, se alimenta de los insectos que no han aguantado las altas temperaturas. Y puede hacerlo porque su cuerpo está perfectamente adaptado para resistirlas.

La arena del desierto se calienta muchísimo. Para sobrevivir hay que tocarla poco y, para eso, lo mejor es ir rápido. Estas hormigas tienen un **escudo térmico** que las protege del calor y unas largas patas que alejan su cuerpo del suelo. Moviendo esas patas muy rápido, **pueden avanzar más de 100 veces el tamaño de su cuerpo en un segundo**, lo que las convierte en las hormigas más rápidas del mundo. Es como si tú corrieras a 480 kilómetros por hora. ¡Cuatro veces más rápido que un coche!

Pero ser veloz no sirve de nada si se pierden y no saben volver al hormiguero. Por eso, **para orientarse, usan el sol y el campo magnético terrestre**. ¡Son tan buenas que pueden encontrar el camino de vuelta incluso andando hacia atrás!

¿HAY PECES CON PULMONES?

Los animales que viven en el agua tienen branquias para respirar. Y los que viven en tierra, pulmones. Sin embargo, hay un grupo de peces que tienen las dos cosas: son los llamados **dipnoos** o **peces pulmonados**.

Estos peces pulmonados viven en charcas y pantanos de los desiertos de África, Sudamérica y Australia. En la **estación húmeda**, las charcas en las que viven están llenas de agua, así que usan sus branquias para respirar. Sin embargo, en la **estación seca**, su casa se vacía: entonces necesitan sus pulmones para respirar y sobrevivir fuera del agua.

Aunque puedan respirar fuera del agua, **los peces australianos no aguantan apenas unos días**, y siempre y cuando estén húmedos. Esto es así porque los ríos donde viven no suelen secarse por completo.

Sin embargo, los peces sudamericanos y, sobre todo, los africanos están preparados para sobrevivir incluso en condiciones extremas. Sus charcas se secan durante meses, y para aguantar se entierran en el barro dentro de una bolsa que crean con un moco especial. Allí, gracias a que respiran por los pulmones, **¡pueden aguantar hasta cuatro años!**

Estos peces son unos auténticos fósiles vivientes. Llevan viviendo en la Tierra 400 millones de años. Debido a esto, se parecen al primer vertebrado que salió del agua, es decir, nuestro antepasado, que solo conocemos por fósiles. Gracias a ellos, podemos averiguar cómo eran esos animales y cómo pasaron de tener aletas de pez a patas para andar por tierra.

¿DE DÓNDE VIENE EL CASCABEL DE ALGUNAS SERPIENTES?

Junto a la cobra, la serpiente de cascabel es una de las más conocidas del mundo, debido precisamente a **su famoso cascabel**, que utiliza tanto para despistar a sus presas como para avisar de que es peligrosa y de que no conviene meterse con ella. Lo sorprendente es que no nace con él, sino que lo va formando poco a poco mientras crece.

Estas serpientes nacen con una pequeña pieza dura en la punta de la cola, similar a una uña, que no suena. Para crecer, como todas las serpientes, necesitan mudar la piel. Pero a estas no se les cae esa pieza al mudar, ¡se les añade otra! Así, **con cada muda, el cascabel crece**.

La serpiente usa el sonido para defenderse. Si siente peligro, empieza a mover la cola. Primero lento, cuando está lejos, y más rápido cuando el enemigo se acerca. Es su forma de decir: **¡Oye, no te acerques!**

Pero, a veces, **también juegan al despiste**. Hay ocasiones en las que hacen sonar el cascabel muy rápido, aunque el peligro esté lejos, para que nadie sepa exactamente dónde están. Incluso pueden usar este truco con sus presas, haciéndolas creer que están lejos cuando en realidad están al lado.

Eso sí, no tienes por qué preocuparte si no eres un ratoncillo, porque **rara vez atacan a los humanos** si las dejamos tranquilas.

¿HAY ANIMALES ESPECIALIZADOS EN CAZAR SERPIENTES VENENOSAS?

Puede parecer que las serpientes más venenosas del mundo, como la mamba negra o la serpiente de cascabel, no tienen ningún depredador, puesto que cuentan con un veneno bastante temido por el resto de los animales. Sin embargo, gracias a sus increíbles habilidades y sin ser mucho más grandes que las serpientes, algunos saben **cómo cazarlas**.

El primero es un mamífero: **la mangosta**. Viven en grandes grupos, dentro de madrigueras que ellos mismos excavan en la sabana africana. Son muy habilidosos y aprovechan su velocidad y grueso pelaje para esquivar los ataques de las serpientes. De hecho, una de sus estrategias para cazar serpientes está en hacerlo en grupo. Cuando encuentran una serpiente, mientras unos la despistan moviéndose rápidamente, otros le lanzan rápidos bocados. Además, si la serpiente los muerde, pueden sobrevivir, porque son parcialmente inmunes al veneno.

En la sabana africana también vive un alargado pájaro, **el secretario**, que utiliza sus largas patas, protegidas de las mordeduras por gruesas escamas, para darles patadas a las serpientes. Otro pájaro, **el seriema**, hace algo parecido, pero, en vez de dar patadas, lanza a las serpientes contra piedras o el suelo hasta que se las puede comer.

> Estos animales han aprendido a vencer a uno de los depredadores más peligrosos del mundo mediante su inteligencia, velocidad y adaptaciones sorprendentes. Algo muy extraño, porque la mayoría de los animales evitan a las serpientes venenosas.

¿ES CIERTO QUE HAY LAGARTOS QUE EXPULSAN SANGRE POR LOS OJOS?

Sí, y es una de las defensas más sorprendentes y únicas del reino animal. El **lagarto cornudo**, un pequeño reptil de quince centímetros de largo que vive en los desiertos de Norteamérica, es uno de los animales que emplea esta táctica. Cuando un peligro lo acosa, aprieta unos músculos de sus ojos que expulsan un chorro de sangre a la cara del oponente. Y lo hacen con bastante fuerza y precisión, pudiendo darles a objetivos que están a un metro y medio de distancia.

Este ataque no solo asusta al depredador: **la sangre del lagarto tiene además sustancias tóxicas** con un sabor tan desagradable que muchos animales salen corriendo. Estos compuestos resultan más efectivos contra los mamíferos, como los coyotes, que contra otros depredadores, como las aves.

Aunque es una técnica muy espectacular y eficaz, el lagarto solo la usa **como último recurso**. Prefiere camuflarse entre las piedras y utilizar su piel repleta de pinchos para protegerse, porque se cansa menos: perder sangre puede ser muy arriesgado para un animal tan pequeño. Por suerte para el lagarto, esta forma de defensa no le genera daños permanentes. De hecho, puede repetir el disparo varias veces.

> El lagarto cornudo es el que lo hace de forma más espectacular, pero no es el único animal que utiliza su propia sangre para defenderse. Por ejemplo, la boa enana o la culebra de collar española sueltan sangre por la nariz y la boca, para parecer aún más desagradables o fingir que están muertas.

¿QUÉ ANIMAL PUEDE PASAR AÑOS SIN BEBER AGUA?

El agua es esencial para la vida. Se dice que las personas **aguantamos 30 días sin comer, pero solo tres días sin beber**. ¿Te sorprende? Pues existe un animal capaz de estar años sin probar ni una gota de agua: **el órix**, un antílope del tamaño de un ciervo que vive en pleno desierto de Arabia.

El cuerpo del órix **está preparado para la sequía**. Puede soportar que su temperatura corporal suba hasta más de 40 grados, ¡como si tuviera fiebre! Así no pierde agua enfriándolo y espera a la noche para bajar su temperatura. Concentra su orina para perder poca agua haciendo pis y sus cacas están casi secas. Su color blanco refleja el sol, por lo que se calienta menos, y las horas más calurosas las pasa descansando en alguna sombra.

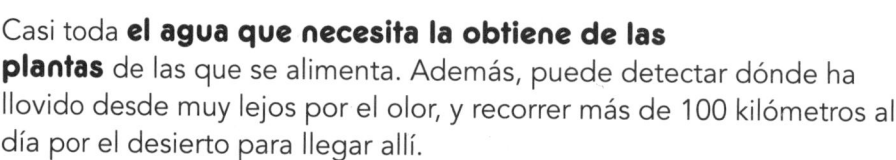

Casi toda **el agua que necesita la obtiene de las plantas** de las que se alimenta. Además, puede detectar dónde ha llovido desde muy lejos por el olor, y recorrer más de 100 kilómetros al día por el desierto para llegar allí.

Pero esta increíble capacidad casi los hace desaparecer. Las personas pensaron que tenían poderes mágicos y cazaron a todos y cada uno de los órix que vivían en libertad. **Solo quedaron los que vivían en los zoos.** Afortunadamente, se consiguió reproducir y ahora las manadas salvajes vuelven a correr por donde hace años lo hicieron.

¿DE QUÉ SE RÍEN LAS HIENAS?

¡Jejeje, jejeje! Podría ser la onomatopeya del sonido de una hiena manchada. ¡Es como una risa humana! Pero, aunque nos resulte gracioso, en realidad no se están riendo de nada. **Están hablando.**

Cuando las hienas «ríen», están mandando información a las otras hienas. Primero, les están diciendo quién es y qué edad tiene, porque **cada hiena tiene su risa particular** que va cambiando con los años. Asimismo, la usan cuando están nerviosas. Por ejemplo, si un grupo de leones quiere quitarles la comida, las hienas «ríen» para avisar al resto de que necesitan ayuda. Si están enfadadas y a punto de pelearse, se ríen para intentar calmar las cosas.

¡Pero no solo se ríen! Las hienas pueden hacer hasta diez tipos de sonidos diferentes, muy necesarios para comunicarse en sus grandes grupos de hasta 90 individuos.

Aparte de los sonidos, **también usan olores para comunicarse**. Cada marca de olor es una tarjeta de presentación exclusiva. Pero ¿cómo desprenden un olor tan único? Gracias a una combinación de bacterias que viven en su cuerpo y que producen olores específicos para cada una de las hienas. Y es así como se identifican entre ellas, por lo que es esencial para las relaciones dentro del grupo.

Para entender y usar una comunicación tan compleja, las hienas tienen una gran inteligencia. Se ha comprobado que son capaces de resolver problemas difíciles, que pueden contar, al menos mentalmente, y que pueden imaginar y aprender mirando a las compañeras. ¡Son tan listas como muchos primates!

¿POR QUÉ TIENEN RAYAS LAS CEBRAS?

Para camuflarse con las plantas de la sabana, para confundir a los depredadores, para reconocerse entre ellas, para tener menos calor… La función de las rayas de las cebras ha sido **uno de los grandes misterios de la zoología**, que con el tiempo se ha ido resolviendo.

Según las últimas investigaciones científicas, las rayas de las cebras son muy útiles para **¡espantar insectos!** En la sabana africana hay muchos insectos que pican, como tábanos o mosquitos, y muchos de ellos pueden transmitir enfermedades. Por eso, las cebras necesitan una forma de protegerse. ¡Y esas rayas provocan que muchos de esos bichos no logren aterrizar, pasen de largo o choquen contra la cebra!

> **Cuanto más finas sean las rayas, más ahuyentan a los insectos. Por eso, las zonas más sensibles del cuerpo de la cebra tienen rayas más estrechas. Por tanto, es probable que las cebras del futuro tengan más rayas y mucho más finas, porque recibirán menos picaduras y vivirán más tiempo.**

Una curiosidad final: ¿las cebras son blancas con rayas negras o negras con rayas blancas? Resulta que, cuando las cebras están en la barriga de su madre, son completamente negras. Las rayas blancas aparecen justo antes de nacer. Es decir, aunque no lo parezca, las **cebras son negras con rayas blancas**, ¡y no al revés!

Justo lo contrario de lo que les pasa a los **dálmatas**: estos perritos nacen blancos y, con el tiempo, les van saliendo las manchas negras.

¿SABÍAS QUE LAS CRÍAS DE GACELA ANDAN DESDE RECIÉN NACIDAS?

Las personas tardamos un año en empezar a andar. Los perros lo hacen en dos semanas y, tras un mes, pueden correr. Las gacelas, en cambio, a los diez minutos de nacer pueden levantarse y caminar… **¡y tan solo una hora después ya corren!**

Aunque pueda parecer exagerado, aprender a correr tan pronto **es necesario para que las crías de gacela sobrevivan**. Las gacelas no nacen en cuevas, madrigueras o nidos que las protejan, sino en prados, sin mayor refugio que un poco de hierba alta. Asimismo, su mamá es pequeñita, por lo que no puede defenderlas de los depredadores, a diferencia de búfalos o elefantes, cuyas mamás son grandes y fuertes.

Por eso, la única opción de evitar a los depredadores que se acercan atraídos por el inconfundible olor del parto es irse corriendo lo antes posible, y esconderse en un lugar seguro. De hecho, ¡pueden correr muy rápido! Se cree que pueden correr **a más de 30 kilómetros por hora** en sus primeros días. ¡Como una bicicleta a toda velocidad!

Pero ¿cómo pueden hacerlo? Porque sus cerebros y músculos están muy desarrollados al nacer: es asombroso cómo, siendo tan delgadas, **sus patas pueden ser tan fuertes apenas recién nacidas**.

Aunque las gacelas sean las más rápidas, hay otras especies que no se quedan atrás. Los antílopes pueden andar en una o dos horas, las cebras y ñus en menos de una hora, y las jirafas en tan solo 20 o 30 minutos.

¿DE QUÉ ESTÁ HECHO EL CUERNO DE LOS RINOCERONTES?

Durante mucho tiempo, se ha dicho que podía quitar la fiebre, curar enfermedades y que tenía **propiedades mágicas**. La ciencia ha demostrado que no era cierto. Pero ¿de qué está hecho?

El cuerno del rinoceronte está compuesto **de queratina**, ¡del mismo material que tienen nuestras uñas y nuestro pelo! Así que, en realidad, las personas que creen que tiene poderes especiales están tomando polvo de uñas… ¡Qué asco! Además, el cuerno del rinoceronte es como **una enorme uña puntiaguda**: crece durante toda la vida y no está unido al cráneo, como sí lo están los cuernos de los toros.

Aunque hoy sabemos que sus cuernos no tienen ningún poder mágico, **durante años se cazaron muchos rinocerontes**. Y todavía lo hacen algunas personas para vender sus cuernos, por los que se paga muchísimo dinero. Por eso, muchas especies de rinoceronte están en peligro de extinción: ¡solo quedan 41 de Sumatra viviendo en libertad.

También hay **buenas noticias**: los científicos están fabricando cuernos en los laboratorios, iguales a los de verdad, para que no tengan que quitárselos a los rinocerontes. Además, cada vez más personas saben que esos cuernos no curan, por lo que no los compran. Gracias a esto, y a los esfuerzos por protegerlos en la naturaleza, los rinocerontes se están recuperando con el tiempo.

¿CÓMO CONSIGUEN AGUA LOS ANIMALES DEL DESIERTO?

En los desiertos llueve poquísimo. Por ejemplo, en algunas partes del Sahara lo hace tan poco que la lluvia de todo un año apenas llenaría una botella de agua. Entonces, ¿cómo consiguen agua los animales del desierto? **Cada especie tiene su truco.**

El **escarabajo del Namib** usa una técnica muy peculiar para beber. Al amanecer, levanta sus patas traseras, como si estuviese haciendo el pino. Y no es por hacer ejercicio, sino porque así su cuerpo recoge las gotas de rocío, que caen hasta su boca sin tener que hacer nada más.

Existen lagartos, como **el demonio espinoso**, con una piel especial llena de canalitos. Si una gota de agua alcanza su cuerpo, se desliza por esos canales hasta llegarle a la boca. Como si tuviera pajitas invisibles por toda la piel. ¡Incluso puede beber con solo pisar un charco!

Algunas aves, como **el ganga namaqua**, un pajarito parecido a una perdiz, pueden volar hasta 30 kilómetros al día para encontrar agua. Y no solo beben ellas, también cargan agua en las plumas del pecho para sus crías. Y es que cada especie tiene sus propios trucos para sobrevivir en su hábitat natural.

> **Existen animales que ni siquiera necesitan beber.**
> Las ratas canguro aprovechan el vapor de agua de su respiración.
> ¡Y son muy listas! Antes de comerse las semillas secas, las guardan
> en su madriguera, que está más húmeda. Así, las semillas absorben
> el agua del aire y están más jugosas cuando se las comen.

¿QUÉ HAY DENTRO DE LA JOROBA DE UN CAMELLO?

Aunque muchas personas así lo creen, los camellos y dromedarios **no guardan agua en sus jorobas**: la consiguen de las plantas que comen y de las pequeñas charcas que se forman al llover.

Su joroba guarda algo bastante más útil: **grasa**. De ahí obtienen todo lo que necesitan para vivir: agua, para pasar mucho tiempo sin beber, y energía, para cuando no tienen comida. Gracias a eso, ¡los camellos sobreviven en el desierto durante meses sin comer ni beber casi nada!

Los camellos y los dromedarios **nacen sin jorobas**, estas se irán formando a medida que crezcan y se alimenten. Observando las jorobas de un camello, puedes saber si necesita comer más: cuando está bien alimentado, sus jorobas son grandes y firmes. Si pasa mucho tiempo sin comer, su cuerpo usa la grasa que tiene guardada y sus jorobas se hacen más pequeñas… ¡e incluso pueden caerse!

Además de almacenar grasa, las jorobas **ayudan a no pasar ni frío ni calor**. La grasa los ayuda a aislarse de la temperatura exterior y pueden soportar el clima tan extremo de los desiertos.

Los camellos están muy bien adaptados a vivir con sequía. Incluso su sangre está preparada para ello. Las células principales de la sangre (los glóbulos rojos) son redondas y aplastadas en la mayoría de los mamíferos. Pero, en los camellos, son alargadas: gracias a esa forma no se rompen cuando beben mucha agua de golpe. Así pueden seguir llevando oxígeno a todo el cuerpo sin problemas.

¿PARA QUÉ USAN SU TROMPA LOS ELEFANTES?

¡Para casi todo! Primero, **es su nariz**: gracias a ella tienen un olfato muy fino. Con solo oler, son capaces de reconocer sus plantas favoritas o, incluso, recordar si una persona les hizo daño antes. Como respiran por la trompa, también la usan como si fuera **un tubo de buceo**: pueden meter todo el cuerpo en el agua y dejar solo la trompa fuera, ¡como si llevaran un esnórquel!

Además, la trompa les sirve **para comunicarse**. Con ella, pueden hacer muchísimos sonidos diferentes: trompeteos, bramidos, chirridos o pedorretas. Así se avisan de peligros, expresan si están enfadados o contentos, o calman a otros elefantes.

Pero lo más sorprendente es que también usan la trompa como **un brazo muy fuerte y flexible**. Les sirve para defenderse, comer y beber. Con ella pueden agarran ramas, plantas, frutos e incluso otras cosas más pequeñas, gracias a una parte fina en la punta que parece un dedito.

También la usan **como una manguera**: pueden aspirar hasta quince litros de agua (¡como tres garrafas grandes!) y luego beberla o echársela por encima para refrescarse.

Por último, la trompa les sirve **para hacer cosas muy delicadas**, como acariciar a sus crías o explorar objetos, notando su forma, textura y temperatura.

¿ES CIERTO QUE LOS ELEFANTES TIENEN BUENA MEMORIA?

¡Tienes memoria de elefante! Eso se dice cuando alguien se acuerda de todo. Y es que siempre se ha pensado que los elefantes recuerdan muy bien las cosas. ¿Será verdad? Pues sí, resulta que **esta creencia es cierta.**

Son capaces de recordar el sonido y el olor de sus familiares durante años. En un experimento, los científicos les enseñaron a unos elefantes caca de un familiar, al que no veían desde hacía más de doce años. Y, cuando la olieron, ¡se pusieron a chillar y a mover las orejas supercontentos!

También **recuerdan muy bien los lugares** favoritos de cada elefante. Si oyen a un familiar llamándolos desde un sitio donde no suele estar, se ponen muy nerviosos, buscándolo por si le ha pasado algo.

Para bien o para mal, **también recuerdan a las personas**. Cuando un humano les hace daño, lo recuerdan durante años. Y, en el caso de que haya sido bueno, se alegrarán muchísimo e irá toda la manada a saludarlo, aunque hayan pasado diez años.

Pero lo más importante es que su memoria los ayuda a sobrevivir. Las elefantas ancianas son las líderes de la manada, porque son las más sabias y las que más cosas recuerdan. Se conocen todas las rutas para buscar comida y agua. Cuando hay sequía y las charcas están secas, llevan a la manada a otras más lejanas, aunque solo hayan estado allí una vez hace muchos años. **¡Son un GPS con trompa!**

¿CÓMO DE GRANDE PUEDE HACERSE UN COLMILLO DE ELEFANTE?

Los colmillos de los elefantes son, en realidad, **dientes que han olvidado parar de crecer**. Cuando son bebés, los elefantes tienen unos colmillitos de leche que se caen al cumplir un año. Después, les saldrán los colmillos de verdad, que pueden crecer muchísimo.

Los elefantes **utilizan los colmillos para muchas cosas**, como es defenderse y mover objetos pesados: acostumbran a mover troncos para demostrar a un contrincante lo fuertes que son. O para cavar en la tierra y buscar agua y sal.

Al igual que las personas son zurdas o diestras, los elefantes también **tienen un colmillo preferido** que usan más que el otro. Ese colmillo se verá más desgastado: de este modo, se puede saber si un elefante es diestro o zurdo.

Los colmillos de los elefantes **están hechos de marfil**, un material muy duro que se usaba para hacer decoraciones. A la gente le encanta, y por eso se cazaban muchos elefantes. Se cazaron tantos que en tan solo diez años la población de elefantes africanos bajó a la mitad.

Con el tiempo, en distintos países se ha prohibido la compraventa de marfil y, gracias a esto, los elefantes comienzan a estar más seguros. Todos debemos comprender que, por muy bonito que sea, el marfil no se compra, sino que se protege. **Los elefantes aún se enfrentan a muchos peligros**, como la destrucción de su hábitat, y aún queda mucho por hacer. Pero, gracias al esfuerzo de todos, su población ha vuelto a superar el medio millón de ejemplares.

¿POR QUÉ EN LAS MANADAS DE LEONES SON LAS HEMBRAS LAS QUE CAZAN?

En las manadas de leones, las leonas son las que hacen casi todo el trabajo de caza. Y no es casualidad: lo hacen porque **son más ágiles, rápidas y silenciosas**. Mientras que los leones macho se van de la manada cuando tienen dos o tres años en busca de su propio grupo, las leonas se quedan donde nacieron toda su vida. Por eso, se conocen muy bien entre ellas: algo muy importante para cazar en grupo.

Las leonas **cazan perfectamente coordinadas**, como si se tratase de una orquesta con el mejor director. Cada una tiene su papel: la más experimentada es la que elige cómo y cuándo atacar, las más sigilosas se acercarán poco a poco a la presa, escondidas entre la hierba alta, las más rápidas se colocarán a los lados para evitar que se escape y, una vez la hayan atrapado, las más fuertes son las encargadas de sujetarla. Mientras, **las crías observan y aprenden**. Es muy importante que las leonas de la manada se conozcan muy bien entre sí, porque, si una no está durante una cacería, otra podrá cubrir su posición y hacer su tarea.

En comparación con ellas, los leones macho son tan grandes, pesados y **lentorros** que es muy difícil que puedan acercarse sin ser descubiertos. Sin embargo, a veces ayudan a las hembras con presas grandes si hace falta fuerza extra. ¿Y cuál es la labor de los machos? Pues proteger la manada de otros leones macho que los quieran atacar o quitarles el territorio.

¿SABÍAS QUE HAY UN LOBO QUE POLINIZA FLORES COMO UN INSECTO?

Los animales polinizadores, como las abejas, son importantísimos. Gracias a ellos las flores se pueden transformar en fruto. **Hacen un trabajo inagotable y muy laborioso.** Van de flor en flor comiendo néctar y, sin querer, llevan el polen de una flor a otra. Y las plantas dependen de ellos.

La polinización suele ser un trabajo de insectos, aves o murciélagos, porque son pequeños y pueden volar. Sin embargo, hace poco se descubrió algo rarísimo: un gran mamífero terrestre, **el lobo etíope**, también poliniza flores.

Como cualquier otra especie de lobo, es un depredador que se alimenta de carne, en su caso de ratas y ratones. Sin embargo, en un momento de escasez de comida, se observó como algunos se alimentaban del néctar de las flores de piocha roja. **¡Como una abeja!**

Pero ¿por qué le iba a interesar a un carnívoro alimentarse del néctar de las flores? Pues porque **el néctar es como un jugo de energía**. Es un líquido azucarado que producen las flores y que puede aportar gran cantidad de energía y agua de manera rápida y sin hacer mucho esfuerzo. Sin embargo, sirve de aperitivo: ¡el lobo etíope no podría sobrevivir alimentándose solo de flores!

Aunque otros mamíferos pequeños, como las civetas, las mangostas o los murciélagos, también pueden polinizar flores, estos últimos descubrimientos convierten al lobo etíope en **el primer gran mamífero polinizador del mundo**.

¿POR QUÉ LAS JIRAFAS TIENEN LA LENGUA AZUL?

¿Alguna vez has comido una piruleta de esas que te dejan la lengua azul un rato? Bueno, pues las jirafas también tienen la lengua azul. No por comerse una piruleta, **¡sino porque ese es su color natural!**

Su lengua es muy larga, fuerte y resistente. Puede llegar a medir **hasta 50 centímetros**: ¡el tamaño de una barra de pan! La usan para agarrar los brotes más tiernos que crecen en lo más alto de los árboles, donde ningún otro animal llega. Pero ¿qué ventaja les da tener la lengua azul?

Para lograr toda la energía que necesitan, las jirafas tienen que comer durante horas y horas, y lo hacen sacando la lengua una y otra vez. Como la tienen fuera durante tanto tiempo, el sol podría quemársela, igual que en verano nos quema nuestra piel en la playa cuando no nos protegemos. Se piensa que el color oscuro de su lengua las protege. **¡Como un protector solar natural!** Gracias a eso, se alimentan todo el tiempo que quieren sin miedo a que se les queme una parte tan delicada como es la lengua.

Además de ser azul, **su lengua es rugosa y su saliva muy espesa**, con propiedades antibacterianas. Gracias a ello pueden protegerse de las espinas que cubren las acacias de las que se alimentan, así como tragar las fibrosas hojas de los árboles.

> **Las jirafas no son los únicos animales con lengua azul.**
> **Los okapis, sus primos que viven en la selva, también la tienen.**
> **Pero allí no hay tanto sol, así que puede ser que esta lengua**
> **colorida tenga otras funciones secretas que aún desconocemos.**

¿REALMENTE LOS AVESTRUCES METEN LA CABEZA BAJO TIERRA CUANDO SE ASUSTAN?

Cuando un avestruz se asusta en los dibujos animados, esconde la cabeza bajo tierra. ¿Los avestruces reales hacen lo mismo? ¡Pues no! **Es un mito, pero con un origen muy curioso.**

Cuando se asustan, los avestruces utilizan su gran velocidad para huir del peligro. Por algo son las aves que más rápido pueden correr del mundo: **a 70 kilómetros por hora**, ¡como una moto pequeña! Sin embargo, si se encuentran lejos del peligro, se agacharán entre los arbustos y se quedarán muy quietos, para camuflarse y evitar así que nadie los vea. Este podría ser el motivo por el que pensamos que esconden la cabeza.

Sin embargo, **hay otra explicación más chula**. Y es que, en realidad, los avestruces sí que meten la cabeza bajo tierra, pero no lo hacen para esconderse, sino para cuidar de sus huevos. Hacen su nido enterrado en la arena. Allí, los huevos están bien protegidos y calentitos. De vez en cuando, esos huevos se tienen que girar y, para hacerlo, la mamá avestruz mete la cabeza en el nido durante un buen rato.

Cualquiera que pase por allí puede pensar que se está escondiendo, ¡pero nada de eso! En realidad, se trata de **una mamá muy atenta y cuidadosa**. Además, si lo piensas bien, si los avestruces se escondieran de los leones metiendo la cabeza bajo tierra, acabarían siendo, sin duda, su cena.

¿POR QUÉ ALGUNOS ANIMALES DEL DESIERTO SE ENTIERRAN PARA DORMIR?

La respuesta es bastante fácil: **para protegerse**, muchas veces de los depredadores, pero, sobre todo, del calor.

Son muchos los animales que encuentran lugar seguro bajo tierra, pero hay algunos que lo hacen de una forma sorprendente. **Hay especies que crean auténticas ciudades bajo tierra.** Por ejemplo, la tortuga del desierto cava enormes galerías que pueden llegar a medir incluso 30 metros de longitud, ¡como una cancha de baloncesto!

Existen anfibios, como **el sapo de espuelas del desierto**, que tienen sus patas traseras preparadas para excavar rápidamente hacia atrás y enterrarse cuando lo necesitan. ¡Pueden estar hasta diez años escondidos, esperando a que llueva para salir!

Los **jerbos**, los **zorros del desierto** o algunos insectos, como los **escorpiones** o los **abejorros**, también se entierran para escapar de uno de los climas más duros del mundo.

También hay lagartos que, aparte de dormir bajo tierra, bucean en ella. Las lagartijas de arena pueden respirar entre los granos de arena, pero **el pez de arena** lo lleva al siguiente nivel: es un lagarto que, en vez de moverse por la superficie, se lanza bajo la arena y se mueve como si fuera un pez. Se entierra en menos de un segundo, su piel es superlisa para que los granos de arena resbalen, su nariz se cierra para que no entre nada y tiene párpados transparentes para poder ver estando protegido. **¡Es todo un prodigio!**

¿QUÉ INSECTO TIENE LA PICADURA MÁS DOLOROSA?

Sientes como si te hubieran disparado. Eso dice la gente a la que ha picado el insecto con la picadura más dolorosa del mundo. Por esta descripción, podríamos pensar que es una avispa enorme, pero, en realidad, es una de sus primas pequeñas: **la hormiga bala**.

La hormiga bala, que habita en las selvas tropicales del centro y el sur de América, **es una de las pocas hormigas con aguijón**, que es lo que usan para inyectar su veneno. Ese veneno puede paralizar a un animal pequeño y duele 30 veces más que una picadura de avispa o abeja.

Pero ¿cómo sabemos que es la picadura más dolorosa? Porque un investigador, el entomólogo **Justin O. Schmidt**, hizo que le picaran cientos de insectos para ver cuál tenía la picadura más dolorosa (¡eso es pasión por la ciencia!). Y la ganadora fue nuestra pequeña amiga. Ahora bien, aunque sea muy doloroso, ese veneno no es mortal para los humanos.

¿Y para qué les sirve a las hormigas un veneno tan potente? Pues su principal función es **proteger el hormiguero**. Las selvas están llenas de animales que se alimentan de huevos de hormigas, como algunos monos, pájaros o lagartos. Cuando estos los tacan, las hormigas no dudan en picarles. Y esto les causa tanto dolor que se van antes de poder destruir el hormiguero y con pocas ganas de volver a intentarlo.

¿CUÁL ES LA HORMIGA MÁS GRANDE DEL MUNDO?

Hasta hace unos años **se pensaba que la hormiga bala era la más grande** del mundo. Pero parece ser que no es del todo así…

Aparte de ser muy grandes, las **hormigas bulldog australianas** son muy rápidas y poderosas. Las obreras pueden llegar a medir tres centímetros, como una goma de borrar. Son tremendamente fuertes y agresivas, tanto que no les da miedo ir solas a buscar alimento. **¡No dudarán en atacar a quien se atreva a molestarlas!** Tienen un par de mandíbulas larguísimas, un potente aguijón y una vista muy buena. Todo eso las convierte en unas temibles cazadoras de insectos. ¡Pueden incluso cazar los abejorros que se alimentan de las flores! Aunque sean tan fieras y agresivas, **los adultos no comen insectos**: se alimentan del néctar de las flores. Son las larvas de estas hormigas las que necesitan alimentarse de insectos para crecer.

Pero, en cuanto a tamaño, las campeonas son **las hormigas gigantes del Amazonas**. Estas enormes hormigas pueden alcanzar casi cuatro centímetros de longitud. ¡Como una nuez con cáscara! Pero lo especial de estas hormigas es que son de las pocas que ¡no tienen reina! Así que son las obreras las que deciden cuál de ellas se encargará de poner huevos.

Aunque estas hormigas son muy grandes, la hormiga más grande que jamás ha existido vivió hace 50 millones de años: la hormiga titán. Se han encontrado fósiles de esta hormiga tan grandes como un colibrí. Las hormigas aladas, con las alas abiertas, medían quince centímetros. ¡Como una mano entera!

¿POR QUÉ SE LES LLAMA ASÍ A LAS HORMIGAS DE FUEGO?

Las hormigas rojas de fuego no son grandes, pero **son increíblemente poderosas**. Y aunque sean rojas, no se les llama así por su color.

Estas pequeñas hormigas viven sobre todo en Sudamérica, aunque se han extendido por Estados Unidos y China. Son más pequeñas que un grano de arroz, pero las temen todos los animales. ¿Por qué? Pues porque **son muy numerosas y agresivas**. Si alguien, o algo, las molesta o pone en peligro su hormiguero, miles y miles de hormigas salen en formación para defenderlo e intentarán picar al invasor para inyectarle un doloroso veneno. Su picadura causa un dolor intenso similar a una quemadura. Por eso se las llaman hormigas de fuego.

Entre las hormigas de fuego, existen dos grupos: uno es muy territorial y defenderá su territorio; el otro suele juntar varios hormigueros para formar **supercolonias**, lo que les permite convertirse en las reinas del lugar. Son el mejor ejemplo de que la unión hace la fuerza.

Paradójicamente, aunque su veneno sea temible, podemos conseguir cosas buenas de él. Se ha visto que algunos de los componentes que lo forman podrían servir para hacer **medicamentos** para las personas, porque tienen propiedades antibacterianas, antiinflamatorias e incluso antitumorales.

¿EXISTEN LOS ANIMALES ZOMBIS?

Pues sí, ¡existen! Como sabes, los zombis que vemos en la tele son personas que caminan de forma extraña y no piensan por sí mismas. Estos zombis no existen, pero **en la naturaleza sí que hay algo similar**: animales que dejan de hacer lo que quieren y empiezan a actuar como marionetas, manejados por otros seres vivos.

Es el caso de los grillos. Hay gusanos muy largos y delgados, llamados **gusanos crin de caballo**, que se les meten dentro y los obligan a hacer cosas que no quieren, controlando su sistema nervioso. Estos gusanos, tras crecer, necesitan poner sus huevos en el agua. ¿Y qué hacen? Obligan al grillo a lanzarse a un charco, aunque no sepa nadar. **Otros gusanos entran en caracoles** y hacen que los tentáculos donde tienen los ojos se vuelvan de colores llamativos. Entonces, los obligan a salir donde los pájaros puedan verlos para que se los coman. Así, los gusanos entran en los pájaros, donde realmente querían estar. ¿A que es alucinante?

Pero no solo existen gusanos «zombificadores». Un hongo llamado *Cordyceps* puede controlar a insectos. **Si una hormiga se infecta, se convierte en un robot** a su servicio. El hongo la obligará a trepar a una planta, quedarse colgada de sus mandíbulas y esperar allí hasta que el hongo suelte sus esporas, que infectarán a más hormigas.

> Aunque parezca una peli de miedo, no te preocupes. Ninguno de estos casos afecta a los humanos, así que, a no ser que seas un grillo, un caracol o una hormiga, no tienes nada que temer.

¿HAY ARAÑAS QUE BAILAN?

Aunque las arañas no parezcan muy bailarinas, con sus ocho patas y múltiples ojos, hay una que baila genial: **la araña pavo real**.

Esta araña **es la más «mona» que verás**. Vive en Australia, tiene unos ojos enormes y redondos, y es tan pequeñita que mide como una lenteja, solo cinco milímetros. A pesar de su tamaño, es una gran saltadora y cazadora. Puede atrapar insectos casi tan grandes como ella, abalanzándose sobre ellos a la velocidad del rayo.

Lo más alucinante de esta araña es el baile con el que **los machos intentan impresionar a sus enamoradas**, que puede recordar al flamenco. Primero levantan dos de sus patas delanteras, que a veces tienen la punta blanca o negra, como si llevaran castañuelas. Luego, las mueven despacito de un lado a otro y de arriba abajo. Y, cuando captan la atención de la hembra, levantan su abdomen rápidamente enseñando unos preciosos colores brillantes. Como se parece a la cola de un pavo real, las llaman así. Entonces empiezan a mover las patas y el cuerpo al unísono, como si bailaran al son de una música imaginaria, haciendo que cualquiera caiga rendido ante su exhibición.

¡No pienses que todas repiten el mismo baile! Por ahora, se han encontrado más de 80 especies de esta araña, cada una con sus propios colores y movimientos.

¿SABÍAS QUE ALGUNOS ANIMALES COMEN VENENO?

Comer algo venenoso a propósito es de las cosas menos inteligentes que puedas hacer. Sin embargo, **¡las ranas flecha lo hacen!**

Estas ranas viven en las selvas tropicales de Sudamérica. Son preciosas: pequeñas, de colores brillantes y tan llamativas que parecen juguetes de plástico. Sin embargo, esa belleza esconde un secreto terrible: es uno de los animales más venenosos del planeta. **¡Una sola rana tiene veneno suficiente para acabar con 20.000 ratones!**

Estas ranas no crean este veneno por sí solas. Lo obtienen tras comer hormigas, termitas y escarabajos venenosos. Pero **¿por qué ellas no se envenenan?** Porque no dejan que el veneno se libere dentro de su cuerpo. Cuando el veneno llega a su sistema digestivo lo encapsulan, como si crearan sus propias burbujas con veneno. Una vez encapsulado, lo llevan y almacenan en su propia piel, lo que las convierte a su vez en venenosas. Esta técnica de transportar veneno es tan eficaz que actualmente se está investigando para crear antídotos.

Hay otros animales que hacen algo parecido. Como **la serpiente de quilla**, que se alimenta de sapos venenosos y acumula ese veneno en un saquito que tiene en el cuello. Cuando es atacada, aprieta ese saco haciendo que el veneno del sapo salga disparado a su agresor.

También **las orugas de mariposa monarca** se alimentan de plantas con toxinas, lo que provoca que ellas también se vuelvan tóxicas.

¿HAY GUSANOS CAZADORES?

Sí. Y, cuando hablo de gusanos «cazadores», me refiero a que son lo más parecido a los cazadores humanos. **¡Son gusanos que disparan!**

Los onicóforos o **gusanos de terciopelo** habitan en las selvas de Asia, Oceanía y América. Son animales nocturnos y no pueden salir durante el día, porque se deshidratan con rapidez. A la vista, parecen muy graciosos: son regordetes, tienen un montón de patas rechonchas y un cuerpo del tamaño de una mano, que parece tan suave como el terciopelo. Nada en su aspecto nos hace sospechar de su increíble habilidad para el disparo.

Cuando estos gusanos se quieren alimentar, disparan a pequeños insectos **un *slime* pegajoso**, de lo más particular, que sale de unos orificios que tienen en los mofletes. Ese pegamento es la única sustancia de la naturaleza que puede pasar de líquido a sólido en menos de un segundo. Además, **¡es reciclable!** El gusano puede volverse a comer el pegamento para reutilizarlo. De hecho, algunos investigadores lo están utilizando para crear nuevos materiales reciclables, porque además se disuelve en agua.

También usan este *slime* **para ahuyentar** a sus depredadores antes de que estos se acerquen, pudiendo lanzarlo incluso a casi medio metro.

> Ver un gusano de terciopelo es como viajar en el tiempo a mucho antes de que aparecieran los primeros humanos. Se dice que son «fósiles vivientes» porque existían hace más de 500 millones de años. ¡Son más antiguos que los dinosaurios!

¿CÓMO DE RÁPIDO BATEN LAS ALAS LOS COLIBRÍES?

Los colibríes son unos **pequeños pájaros** que viven en América y que se alimentan chupando el néctar de las flores. Para poder hacer eso se deben quedar totalmente quietos volando delante de la flor, algo increíblemente difícil para un pájaro. Pero, para los colibríes, no hay nada imposible: lo han solucionado siendo **los pájaros que más rápido baten las alas** de todo el mundo.

Los colibríes pueden batir las alas **hasta 90 veces por segundo**. Si una persona moviera las piernas tan rápido como los colibríes mueven sus alas, podría ganar a un coche en una carrera. Los músculos de las personas no están preparados para eso, pero los colibríes pueden hacer eso… y mucho más. Además de ir rápido, pueden volar hacia atrás y quedarse totalmente quietos en el aire, algo prácticamente único entre todas las aves.

Para que todo esto sea posible, los colibríes han tenido que hacer un sacrificio: **el tamaño**. Se trata de las aves más pequeñas del mundo y, entre ellas, el colibrí abeja es el más diminuto: mide lo que una llave y pesa menos que una moneda de un céntimo. Pero hacer tanto esfuerzo siendo tan pequeño lo obliga a tener que comer cada quince minutos para reponer toda la energía que gasta, y no puede permanecer más de cinco horas sin alimentarse. Para lograrlo, también es **uno de los animales con el latido del corazón más rápido**: 1.260 latidos por minuto, 20 veces más que el de un humano. ¡Eso sí que es agotador!

¿CUÁL ES EL PÁJARO MÁS ORDENADO?

Este pájaro sería el hijo perfecto, **siempre con su cuarto recogido** y muy educado. De hecho, está un poco obsesionado con la limpieza.

Es **el ave del paraíso de Pennant**. Vive en la selva de Indonesia y, cada mañana, quita todas las hojas que han caído a su jardín. Lo deja todo limpio, pero ¿para qué? Las hembras solo visitarán las casas que estén relucientes, por lo que, si quiere tener alguna oportunidad de encontrar pareja, tiene que ser el mejor limpiando.

Si una hembra se fija en su jardín, **el macho baila para conquistarla**. Y, como es un pájaro de lo más educado, empieza el baile mediante una reverencia. Luego abre sus alas negras, formando una especie de falda, y se mueve enseñando sus brillantes ojos azules y su garganta amarilla. Si a la hembra le gusta el baile y cree que el macho es bueno, le hará una señal y se irán juntos a formar una familia.

¿Por qué a las hembras les gustan los jardines más limpios?

Es la forma de asegurarse de que ese macho es bueno y de que podrá ayudarla bien a cuidar de sus polluelos. Porque, cuando un macho tiene tiempo de buscar suficiente comida para él y de además mantener su casa limpia, merecerá la pena conocerlo.

> Las aves del paraíso de Pennant no son los únicos pájaros que mantienen su casa limpia para atraer a las hembras. Hay otros pájaros, como los pergoleros o jardineros, que la mantienen impoluta y, además, construyen unas preciosas carpas y pasarelas con ramitas y las llenan de objetos coloridos.

¿EXISTEN MAMÍFEROS VENENOSOS?

Al pensar en animales venenosos, lo habitual es que nos vengan a la cabeza serpientes, arañas o insectos. Sin embargo, usar veneno como defensa o para cazar es más normal de lo que parece. En la naturaleza, encontramos lagartos, peces **¡y hasta mamíferos venenosos!**

Es el caso del **ornitorrinco**, uno de los mamíferos más raros que hay. Tiene pelo y da de amamantar a sus crías como hace cualquier otro mamífero, pero también tiene pico de pato y cola de castor, pone huevos y además es venenoso. Los machos se defienden con **una pequeña uña muy afilada** que tienen en sus patas traseras y que está conectada a una bolsa de veneno. Si se sienten amenazados, la usarán. Su picadura provoca un dolor muy fuerte y sus efectos pueden durar meses. No son peligrosos para la gente, pero ahuyentarán a los depredadores.

Hay otros mamíferos venenosos, como algunas **musarañas** y **topos**, que usan su saliva tóxica para paralizar a los ratoncitos y ranas de los que se alimentan. Y los **loris perezosos** son todavía más chulos. Es el único primate, grupo al que pertenecen los monos y los humanos, que es venenoso. Tiene en el brazo un saquito con veneno que, al juntarlo con su saliva, provoca alergias a quien muerda. De hecho, se parece mucho a la sustancia que causa que la gente tenga alergia a los gatos.

> Otros mamíferos no producen veneno, pero lo consiguen de otros animales. Por ejemplo, los erizos se frotan veneno de sapo en las púas para convertirlas en una defensa más eficaz. ¡Eso sí que es una mejora!

¿QUÉ ANIMALES PUEDEN REGENERAR PARTES DE SU CUERPO?

A muchos animales les puede volver a crecer una parte de su cuerpo si la pierden. A veces, incluso las sueltan ellos cuando los ataca un depredador, **como hacen las lagartijas con sus colas**. Pero hay dos animales que son los campeones de la regeneración.

El **ajolote** es un anfibio que vive en unos pequeños lagos de México. A diferencia de las lagartijas, no solo puede regenerar la cola, ¡sino cualquier parte de su cuerpo! Manos y brazos, ojos, branquias, dientes, órganos internos e **¡incluso partes del cerebro y del corazón!** Lo hace tan solo en unas semanas y sin dejar ninguna cicatriz.

Las **planarias** son unos gusanos planos que viven en los ríos de Europa. Si les quitan una parte del cuerpo, lo regenerarán en poco tiempo. Pero es que, además, **de ese trozo suelto ¡se formará otra planaria!** Eso quiere decir que, si a una planaria la rompen en tres trozos, ¡habrá tres animales iguales en tan solo una semana!

En la actualidad, los científicos están estudiando esta asombrosa capacidad de regeneración **para curar heridas más fácil y rápido en las personas**. Por ejemplo, en un accidente, si una persona se daña parte del sistema nervioso, como puede ser el cerebro, no se puede recuperar, porque no podemos regenerar esa parte del cuerpo. Sin embargo, los ajolotes son uno de los pocos vertebrados que sí pueden hacerlo. Por ello, se están estudiando los genes y sustancias que se lo permiten para ayudar a personas con este tipo de lesiones.

¿LOS CAMALEONES CAMBIAN DE COLOR PARA CAMUFLARSE?

Muchas personas creen que los camaleones cambian de color para camuflarse utilizando e imitando lo que haya a su alrededor. Pero esto no es del todo cierto. En realidad, **¡cambian de color para mostrar cómo se sienten!** Son como semáforos de emociones.

Cuando están **tranquilos, su piel adopta un tono verde claro**, que además los ayuda a pasar desapercibidos entre la vegetación. En cambio, si se sienten **asustados, ese verde se vuelve más oscuro**. Pero, cuando se enfadan o quieren impresionar a una camaleona, ¡se transforman en un auténtico espectáculo de colores brillantes: rojos, amarillos o naranjas, ¡con los que llaman mucho más la atención!

Asimismo, cambian de color **para regular la temperatura** de su cuerpo. Cuando hace frío, se vuelven de colores oscuros y así absorben todo el calor que viene del sol. Y cuando hace mucho calor, cambian a colores claros para reflejar la luz.

¿Cómo consiguen todo eso? Su piel está cubierta por unos diminutos cristales que cambian de color cuando se juntan o se separan y que el camaleón puede mover a su gusto. Cuando junta mucho esos cristales, se vuelve azul y verde. Y cuando los separa, cambia a rojo y amarillo. Además, como debajo de esos cristales tiene otros colores, **¡puede crear muchísimas combinaciones!**

¿QUÉ ANIMAL PUEDE IMITAR MÁS SONIDOS?

Algunos **loros** pueden copiar sonidos y hasta aprender palabras. Otras aves, como son los arrendajos, primos de los cuervos, pueden copiar sonidos de otros animales. Esto les resulta muy útil para, por ejemplo, asustar a otros arrendajos que vienen a comerse su comida.

El rey de las imitaciones es el ave lira. Parece un faisán, reside en las selvas de Australia y puede imitar casi cualquier cosa que escuche: cantos de otros pájaros, ruidos del bosque, ¡incluso sonidos mecánicos! Se ha grabado a estos pájaros imitando a coches, a bebés llorando y hasta al sonido de cuando se enciende una videoconsola.

Todo esto puede hacerlo gracias a un órgano especial de su garganta formado por músculos y membranas que vibran: **la siringe**. Todos los pájaros tienen siringe, pero la del ave lira es muy musculosa y pueden moverla con gran precisión. Así, pueden controlar tanto la velocidad como la cantidad de aire que hace vibrar las membranas, logrando imitar prácticamente cualquier sonido.

Estos pájaros son unos genios de la interpretación.
Este espectáculo de sonidos lo llevan a cabo para impresionar a las hembras. Si esta queda impresionada con su sinfonía de amor, decidirá irse con él. ¡Pero ojo! Estos pájaros también pueden usar esta habilidad para engañar. Si una hembra pierde el interés y se plantea marcharse, ¡el macho puede recurrir a imitar el sonido de alarma de otros pájaros! Así la hembra cree que hay un peligro cerca y se queda con él hasta que todo «parece» ser más seguro. ¡Es un pillín!

¿POR QUÉ LOS ANIMALES VENENOSOS SON MUY COLORIDOS?

Las avispas y las abejas pueden verse desde lejos por su llamativo color amarillo. Las ranas venenosas suelen ser de múltiples colores brillantes. Y hay serpientes, como la de coral, que destacan entre la tierra y la vegetación por sus llamativos tonos amarillos y rojos. Pero **¿por qué tienen esos colores si así atraen la atención de los depredadores?**

Imagínate a un pájaro que ataca un avispero. Lo normal es que las avispas le piquen para ahuyentarlo y, como le pasaría a cualquiera de nosotros, lo más probable es que ese pájaro recuerde, durante mucho tiempo, los colores de las avispas que le hicieron tanto daño. Así, **cada vez que vea un animal amarillo y negro, se alejará** rápidamente.

En la naturaleza, los colores llamativos actúan como si fuera un cartel: **«¡Peligro! No te acerques».** Muchos animales venenosos combinan estos colores brillantes con el negro para hacer que se vean incluso más. Confían tantísimo en su veneno que prefieren ser vistos a pasar desapercibidos. Es una técnica tan eficaz que el resto de los animales ha aprendido que, si un animal tiene estos colores llamativos, lo mejor es no acercarse.

Pero no solamente el color es importante: muchos animales, como las mariquitas, acompañan también sus vistosos colores con la expulsión de **sustancias químicas** para asegurarse de que el depredador ha captado el mensaje.

¿CUÁL ES EL ANIMAL CON LA MORDEDURA MÁS POTENTE?

Una persona tiene mucha fuerza en la boca. Incluso puede partir una nuez con cáscara, aunque no lo debemos hacer, porque nos podríamos romper una muela. Sin embargo, eso no es nada comparado con la fuerza de mordedura de los **grandes depredadores**.

Entre **los mordedores más poderosos**, encontramos animales como el oso, el jaguar, el hipopótamo o, por supuesto, el gran tiburón blanco. Estos animales podrían romper palos de madera o huesos de un bocado sin ningún problema. Pero los auténticos campeones son… ¡los cocodrilos!

La mordedura más fuerte que se ha podido medir en un laboratorio es la del **cocodrilo de agua salada**. Este gran cocodrilo es el más grande del mundo: mide más de siete metros de longitud y pesa más de 1.500 kilos. También es muy rápido: puede avanzar cuatro metros con solo un impulso de la cola. Vive en los manglares y aguas poco profundas, desde la India hasta el norte de Australia, y en su temible boca tiene 66 poderosos dientes.

En el laboratorio, los científicos comprobaron que **su mordedura es el doble de fuerte que la de un hipopótamo**, y 25 veces más que la de una persona. ¡Es como si todo el peso de un coche te cayera en el pie! Estos animales necesitan morder tan fuerte porque cazan animales grandes, con mucha fuerza, y tienen que aguantarlos para que no se les escapen. ¡Imagina sujetar a un búfalo solo con la boca!

¿QUÉ SON LAS «LÁGRIMAS DE COCODRILO»?

Esta expresión acostumbra a usarse cuando alguien finge que llora, sin estar triste. Pero ¿qué tienen que ver los cocodrilos? **¿Es que ellos también fingen que lloran?** No exactamente.

Los cocodrilos pasan parte del día dentro del agua, quietos. La única parte de su cuerpo que asoma por encima del agua son los ojos, con los que observan qué ocurre a su alrededor. Esto hace que sus ojos pasen muchas horas expuestos al sol. Por eso, **cerca de los ojos tienen unos saquitos llenos de lágrimas** que sirven para limpiarlos y evitar así que se sequen. Y los de los cocodrilos que viven en el mar tienen una función extra: estas lágrimas los ayudan a expulsar el exceso de sal de su cuerpo, que entra sin querer al beber agua del mar.

Cuando un cocodrilo caza a una presa y empieza a comérsela, el movimiento de la mandíbula provoca que esos saquitos se aplasten y expulsen de golpe todas las lágrimas que contenían. **¡Parece que esté llorando como si estuviese triste!** Sin embargo, lo hacen sin querer cuando comen. Por eso, decimos que alguien «llora lágrimas de cocodrilo» cuando aparenta tristeza, pero, en realidad, no está triste.

> **Algunas personas padecen una enfermedad llamada «síndrome de las lágrimas de cocodrilo», que provoca que lloren sin quererlo mientras comen. Estas personas tienen un problema en los nervios de la cara, de forma que, cuando se activa la producción de saliva, se activan las glándulas que producen lágrimas. Es algo que no pueden evitar.**

¿UN CHIMPANCÉ Y UN BONOBO SON LO MISMO?

Si ves un chimpancé y un bonobo, lo probable es que te parezca que estás viendo a dos hermanos. Por fuera, son muy **parecidos**; sin embargo, su comportamiento no podría ser más **diferente**.

Hace miles de años, estos dos primates quedaron separados por las aguas del río Congo, uno de los más anchos y caudalosos del mundo. Los chimpancés se quedaron en el lado norte, donde también vivían gorilas; y los bonobos, en el lado sur, donde había mucha comida. El río Congo es tan enorme que jamás lo han podido cruzar y, al vivir en lugares distintos, con el tiempo también se empezaron a comportar de forma diferente.

Los **chimpancés**, que destacan por su fuerza y habilidad, son grandes cazadores. Como tenían que competir por la comida con los gorilas y otros animales, se volvieron **más agresivos**. Todo lo solucionan con peleas. El líder del grupo es el macho más fuerte y poderoso y, si se encuentran con otro grupo de chimpancés, seguramente se peleen.

Los **bonobos** viven en grupos liderados por hembras y se llevan muy bien con otros bonobos. Solucionan sus problemas **de forma pacífica** y se alimentan, sobre todo, de las abundantes frutas y vegetales de la selva. Las líderes se esfuerzan mucho por mantener la paz, porque saben que así sus hijos y nietos estarán más seguros.

¿QUIÉNES SON «LOS ÁNGELES DE LEAKEY»?

«Los Ángeles de Leakey» es el **apodo** que recibieron las tres científicas que estudiaron a tres de nuestros primos más cercanos: chimpancés, gorilas y orangutanes. Todo empezó cuando Louis Leakey, un famoso investigador, decidió buscar a personas valientes para estudiar en la selva a estos animales. Y eligió a estas **tres jóvenes científicas**, con poca experiencia, pero con mucha pasión por la naturaleza.

Jane Goodall se convirtió en la mayor experta en chimpancés del mundo. Descubrió que los chimpancés pueden fabricar y usar herramientas, como palitos para sacar termitas. Sus descubrimientos hicieron que el mundo entero se diera cuenta de lo necesario que es proteger los chimpancés.

Dian Fossey estudió a los gorilas de montañas en África. Vio que no eran tan agresivos como se creía, sino tranquilos y tímidos. Se ganó su confianza imitando sus gestos y sonidos, y luchó para protegerlos de los cazadores furtivos cuando estaban a punto de desaparecer.

Birutè Galdikas lleva más de 50 años estudiando los orangutanes en Borneo. Gracias a ella sabemos lo inteligentes que son. Fundó refugios para rescatar orangutanes huérfanos y luchó para proteger las selvas donde viven.

> Gracias a estas tres superheroínas sabemos lo alucinantes que son estos animales y lo importante que es protegerlos. Y han inspirado a muchas personas a seguir sus pasos para cuidar la naturaleza.

¿POR QUÉ EN LA JUNGLA HAY TANTAS ESPECIES DIFERENTES?

Más de la mitad de las especies de animales vertebrados del mundo viven en las selvas tropicales. Pero ¿cómo es posible que tantos animales y plantas quepan en tan poco espacio? Porque **la selva funciona como una ciudad gigante**.

Las selvas tropicales tienen **las condiciones perfectas** para vivir cómodamente: hace calor, pero no demasiado; hay mucha agua y también mucha luz. Esto hace que los árboles y las plantas puedan crecer grandes, fuertes y muy juntos.

Esos árboles enormes **funcionan como edificios**. Algunas especies están adaptadas para vivir en lo más alto de los árboles; otras, entre las ramas; otras, en el suelo; e incluso ¡muchísimas especies, bajo tierra! Además, **no todas las partes de la selva son iguales**. En las partes más húmedas habitan especies que necesitan mucha agua. Y en las partes más montañosas viven las especies que necesitan rocas para sobrevivir. Además, hay alimento de sobra. Todo esto hace que, en muy poco espacio, puedan vivir muchísimas especies sin molestarse entre ellas.

Como hay tantas especies «concentradas» en un mismo lugar, la destrucción de un trozo de selva tropical, por pequeño que sea, implica la pérdida de muchas de ellas, algunas incluso que no conocemos. Por eso es tan importante conservar los espacios naturales. Sobre todo, si son tan especiales como las selvas tropicales.

¿HAY INSECTOS EN LA ANTÁRTIDA?

Si hay algo que no les gusta nada a los insectos es el frío. Así que lo más normal sería que no se encontraran insectos en la Antártida. Sin embargo, para **estos animales que han logrado conquistar prácticamente todos los hábitats del planeta**, nada es imposible. Eso sí, no les ha sido fácil: ¡los científicos solo han encontrado uno!

Un mosquito sin alas es **el único insecto nativo** que se ha podido encontrar en la Antártida continental. De hecho, es el único animal exclusivamente terrestre del continente. Es completamente negro para absorber todo el calor posible cuando el sol está fuera. No tiene alas, así que no tiene más remedio que pasar la mayor parte de sus dos años de vida bajo el hielo. De hecho, **cada invierno se congela y «revive» cuando hace menos frío**. Aprovecha el poco tiempo que está descongelado para alimentarse y conseguir energía, y, cuando se congela, puede estar sin oxígeno durante semanas.

Existe otro mosquito, este con alas, que vive en las islas que rodean la Antártida. En esas islas hace menos frío que en la gran isla central, pero no hay que quitarle mérito. Lleva viviendo en esas islas desde hace un millón y medio de años, y **ha sobrevivido a varias glaciaciones**. Aunque tenga alas, apenas puede volar por los fuertes vientos, y para protegerse se juntan en grupos de cientos de mosquitos.

> Aunque no son insectos, hay ácaros, primos de las arañas, que han encontrado una forma para soportar las gélidas temperaturas de la Antártida... ¡viviendo en los agujeros de la nariz de los pingüinos!

¿CÓMO RESISTEN EL FRÍO LOS PINGÜINOS?

La Antártida es el lugar más frío de todo el planeta. De hecho, muchos pingüinos se van en invierno a lugares más cálidos. Sin embargo, hay algunos que se quedan, como **el pingüino emperador**.

Este pingüino **es un experto en soportar el frío**. Tiene varias capas de plumas que le funcionan como un superabrigo. Por fuera, la capa es impermeable para que ni el agua ni el viento le toque la piel. Por dentro, tiene otra capa con muchísimas plumas más que lo mantienen calentito. Y, por si fuera poco, tiene plumas especiales, que le avisan si hay alguna que se mueve, para que su abrigo esté siempre bien colocado.

También **hace algo increíble con su sangre**. Enfría la que va hacia sus patas y alas, las zonas menos protegidas por las plumas. Y, a la vez, calienta la que va hacia adentro. Así, no pierde calor por las patas y alas, y lo mantiene todo en su interior.

Pero lo más alucinante de todo es lo que hacen para no pasar frío cuando están incubando sus huevos: se juntan en enormes colonias para **darse calorcito**. ¡Y es muy efectivo! En el grupo pueden estar a 37 grados, ¡aunque fuera estén a 17 bajo cero! En esos grupos están tan pegados que es muy difícil moverse. Por eso, cada poco dan un pasito todos a la vez. Así, los de fuera van al centro, donde hace más calor, y los del centro salen un poco. **¡Y todos a gusto!**

¿SABES CÓMO DE GRANDES SON LAS COLONIAS DE PINGÜINOS?

Los pingüinos de la Antártida forman enormes colonias para calentarse y soportar el frío. Pero ¿cómo de grandes son estas colonias? Se han contado **colonias con más de 20.000 pingüinos**. Eso equivale a una ciudad pequeña. Son tan grandes que… ¡se pueden ver desde el espacio!

Pero, en realidad, lo que se ve desde el espacio no son los pingüinos, ¡sino **sus cacas**! Y es normal, a nadie le gustaría irse lejos para hacer sus necesidades con ese frío que hace, así que las hacen cerca de la colonia. Y como hay tantos, **pueden dejar manchas de ¡más de un kilómetro de largo!**

Esas manchas de caca son muy útiles. Unos científicos han descubierto que, utilizando **imágenes de satélites espaciales**, pueden encontrar las manchas que dejan sobre el hielo las grandes colonias de pingüino emperador. Así, se han encontrado muchas colonias de pingüinos que no se conocían.

Gracias a esto, podemos conocer cuánto y cómo les afecta **el cambio climático** a estas especies. Si el clima sigue calentándose como lo está haciendo, se piensa que poco a poco su hábitat tendrá menos hielo, y los pingüinos, menos lugares donde vivir y poner sus huevos.

¿SON RÁPIDOS LOS PINGÜINOS?

Todos hemos visto vídeos graciosos de pingüinos caminando torpes por la nieve, incluso resbalándose por el hielo. Cuando andan lo hacen muy lento, balanceando el cuerpo, de un lado a otro, para ahorrar energía. Y es que su cuerpo no está preparado para ir rápido por la tierra, peor lo está para ser **veloz bajo el mar**.

De hecho, hay un pingüino con el récord del ave nadadora más rápida: **el pingüino juanito**. Es de tamaño medio: tiene 90 centímetros de altura y tan solo ocho kilos de peso. Cada invierno migra a las islas más alejadas del continente antártico, donde hace menos frío, y vuelve en verano para reproducirse. Su cuerpo **es perfecto para nadar a toda velocidad**. Sus plumas impermeables hacen que el agua resbale sobre el cuerpo como si fuera un tobogán. Y sus alas tienen la forma perfecta para impulsarlo rápidamente, como si tuviera un motor.

Esto hace que puedan nadar **¡a 36 kilómetros por hora!** Gracias a eso, pueden atrapar a los pequeños peces y calamares de los que se alimentan. Y lo que es más importante: son más rápidos que la mayoría de sus depredadores (lobos marinos, focas leopardo y orcas), así que la única forma de atraparlos es pillándolos por sorpresa.

> No solo son excelentes nadadores: también son especialistas buceadores. Cada día bucean hasta 450 veces para buscar comida a enormes profundidades. Llegan a bajar hasta 80 metros de profundidad, como un edificio enorme de 30 plantas. Se han visto a algunos de estos pingüinos bajar hasta los 200 metros buscando calamares. ¡Eso es tan profundo como un rascacielos!

¿SABÍAS QUE LOS PINGÜINOS ACTUALES NO SON LOS AUTÉNTICOS PINGÜINOS?

Así es. Lo que hoy conocemos como «pingüinos» antes se llamaban «pájaros bobos». Se les cambió de nombre hace años, porque se parecen mucho al pingüino auténtico: **el gran pingüino o alca gigante**.

Este enorme pájaro habitaba las costas cercanas al Polo Norte, tierras de Europa y de Norteamérica, aunque en invierno bajaba hacia el sur, llegando hasta España. **Se parecía muchísimo a los pingüinos actuales**: medía un metro de alto, no podía volar y era un grandísimo nadador. El hecho de que no pudieran volar hacía que se acumularan en grandes colonias en pequeñas islas, que eran de fácil acceso desde el agua, algo que, al final, fue un gran problema para ellos.

Tristemente, el alca gigante **dejó de existir hace casi 100 años**. Y esto sucedió por culpa del ser humano. Estos animales solo ponían un huevo muy grande, de 400 gramos de peso. Como parecían sabrosos, las personas los buscaban para alimentarse. A otras personas les gustaba tenerlos disecados como parte de su colección. Con el tiempo fueron quedando menos, hasta que desaparecieron. Además, tuvieron muy mala suerte. Uno de los pocos lugares seguros donde vivían las alcas era una isla de Islandia. Allí estaban a salvo porque las personas no podían llegar hasta ella.

Pero, por desgracia, en el año 1830 ocurrió **un gran terremoto que hundió la isla en el mar**. Entonces, las alcas tuvieron que mudarse a otras islas, donde los humanos sí podían alcanzarlas.

¿CÓMO CONQUISTAN LOS PINGÜINOS A SUS FUTURAS PAREJAS?

Los pavos reales conquistan a sus parejas haciendo un hermoso baile. Algunos pájaros les cantan bellas canciones. Otros, como el alcaudón real, les llevan comida. Y los pingüinos, como el juanito, regala a su pareja lo más valioso que puede encontrar en su hábitat: **una piedra**.

¡Y a sus parejas les encantan! Para ellos, **es como regalar un anillo de compromiso**: cuanto más bonita, mejor. Los pingüinos juanito hacen sus nidos usando piedras porque son realmente útiles. Son nidos grandes y altos (de hasta 20 centímetros) y, en ellos, las piedras cumplen funciones esenciales: separan los huevos del frío suelo para que estén más calientes, y dejan pasar por debajo el agua de la nieve al derretirse, como por un colador, para que no se encharque el nido. Y esto es muy valioso para que sus huevos y polluelos salgan adelante.

> Las piedras son tan importantes y difíciles de conseguir que los pingüinos se pelean por ellas... ¡y hasta se las roban unos a otros! A veces, un pingüino puede acercarse por detrás del nido de otro, sin hacer ruido, y quitarle la mejor piedra que encuentra para llevarla a su propio nido. Pero cuando llega, suele descubrir que, mientras estaba distraído..., ¡alguien también le ha robado una piedra a él!

Pero no solo les interesan los regalos. Los pingüinos, tanto machos como hembras, **completan el cortejo con un baile**, abriendo las alas todo lo que pueden, apuntando con el pico hacia el cielo y dando un grito de amor… que se parece bastante al rebuzno de un burro.

¿UNICORNIOS EN EL MAR?

Sí, **los narvales** son los unicornios del mar.
Viven en el océano Ártico, cerca del Polo Norte.
Son animales preciosos: tienen la piel de color
plateado y un tamaño de más de cuatro metros.
¡Y son tremendamente longevos! Hay hembras
que pueden alcanzar hasta los 100 años. Son
primos de los delfines y muy parecidos a las
belugas, pero con una característica única:
un enorme «cuerno» en su cabeza.

Ese cuerno es un diente que le sale de la boca, **un gran colmillo
no deja de crecer**. ¡Y puede llegar a ser enorme! Se han encontrado
narvales con dientes de más de dos metros de largo y diez kilos de
peso. Aunque a algunas hembras también les crece, normalmente solo
los machos tienen ese diente… ¡Y a unos pocos les crecen dos!

No se sabe con certeza cuál es la función de ese enorme diente. Se
creía que los machos lo usaban para pelearse. O que a las hembras les
servía para saber qué macho era más fuerte y sano. Sin embargo, hace
poco, se ha descubierto que **ese colmillo es un gran sensor**, con el
que pueden notar la temperatura o la cantidad de sal del mar y saber
si el agua donde están nadando está a punto de congelarse.

Los narvales viven en grandes grupos familiares,
en los que se protegen unos a otros y se ayudan a conseguir
comida. Se ha visto que, si un bebé narval se pierde
y se aleja del grupo, puede ser adoptado por grupos
de belugas, que son sus parientes más cercanos.

¿QUÉ COSA ASQUEROSA HACEN LOS PETRELES GIGANTES CUANDO LOS MOLESTAN?

Los petreles gigantes **son pájaros enormes**. Es como si una gaviota se hubiera tomado una poción de crecimiento. Con las alas abiertas, pueden superar los dos metros. Viven en zonas frías, cerca de la Antártida, y son grandes cazadores y carroñeros. Su gran tamaño les permite recorrer grandes distancias en busca de su alimento: de hecho, pueden recorrer más de 500 kilómetros en un solo día. Sin embargo, **cuando se sienten atacados sacan todo su arsenal defensivo**.

Primero, cuando detecta un intruso desde lejos, intenta asustarlo abriendo sus enormes alas y pico. Si eso no funciona, el petrel gigante sacará su arma química: **puede escupir un aceite muy pegajoso y apestoso** a varios metros de distancia. Ese aceite está mezclado con compuestos que hacen que sea muy difícil de limpiar y pondrá en problemas a quien le caiga encima. Incluso los polluelos pueden escupir ese desagradable potingue a quien se acerque al nido.

Además, todo eso lo complementan con **unas poderosas patas y pico**, con las que pueden defenderse y luchar llegado el momento.

Esta agresividad tiene una explicación: son animales que suelen vivir solos, sin un grupo que los proteja. Y, además, se reproducen de forma muy lenta. **Solo ponen un huevo al año**, y el polluelo tarda cuatro meses en empezar a volar y a valerse por sí mismo, así que durante ese tiempo los padres protegerán con todas sus armas su mayor tesoro.

¿POR QUÉ LA FOCA LEOPARDO TIENE ESA ESCALOFRIANTE SONRISA?

El leopardo marino es **uno de los depredadores más temidos de la Antártida**. Con la orca, es el único capaz de cazar un pingüino emperador adulto. Y, precisamente, su único depredador es la orca.

Desde lejos, si la ves descansando sobre un bloque de hielo, **parece una foca normal** y corriente. Un poco grande, eso sí, porque puede medir más que un coche; cuatro metros. Sin embargo, si te acercas y ves sus dientes, un escalofrío te recorrerá toda la espalda.

Los dientes de delante son **colmillos muy puntiagudos**, perfectos para que no se escapen los escurridizos peces o los grandes pingüinos cuando consigue atraparlos. Pero lo que realmente es inquietante son sus muelas. Tienen tantos picos y huecos que **cada diente parece una motosierra**. Esos dientes le sirven para atrapar animales muy chiquitos, incluso los **krill**, que son gambitas pequeñas. Cuando deja la boca entreabierta, el agua pasa entre los huecos y el krill queda atrapado, como si fuera un colador marino.

Es muy extraño que un gran depredador se alimente tanto de animales grandes como de diminutos, pero para el leopardo marino es algo **clave para sobrevivir** en un sitio donde no siempre hay comida, como es la fría Antártida.

¿ES CIERTO QUE LOS OSOS POLARES SON INVISIBLES A LAS CÁMARAS TÉRMICAS?

Una forma de encontrar animales ocultos es usando una cámara térmica para ello. No importa si es de noche o si el animal está bien camuflado: detectarán el calor de su cuerpo y lo mostrará en pantalla. Sin embargo, **los osos polares son casi invisibles**. No es porque sean fríos como el hielo, sino porque tienen una coraza que impide que salga el calor de su cuerpo.

Estos animales habitan en el Polo Norte, donde puede llegar a hacer 50 grados bajo cero, por lo que los osos polares necesitan guardar lo mejor posible el calor de su cuerpo. Para eso, dentro del mundo animal, han desarrollado **uno de los pelajes más alucinantes**.

Primero, tienen una capa de pelos cortos que los abrigan. Luego, hay otra capa de pelos más largos que los protegen. Esos pelos protectores son huecos que, junto con la primera capa de pelos cortitos, hacen que **el calor se quede atrapado en su pelaje y no salga**. Así, aunque por dentro estén calentitos, la capa de pelo exterior tendrá casi la misma temperatura que la nieve.

Además de su pelo, algo esencial para mantener el calor es la **gruesa capa de grasa que tienen bajo la piel**, que les otorga todavía más aislamiento. Cuanto más gruesa sea esa capa, más aislado estará el oso del frío exterior. Y es por eso por lo que deben estar siempre muy bien alimentados. Si a causa del cambio climático no pueden cazar focas en el hielo, la capa de grasa cada vez será más fina y dejará de protegerlos contra el frío, lo que llegaría a poner en riesgo su supervivencia.

¿PUEDE UN OSO POLAR COMERSE UN PINGÜINO?

Pues, aunque pueda parecer mentira, **la respuesta es no**: nunca, un oso polar podrá cazar un pingüino en libertad. Y no es porque los pingüinos sean muy rápidos y se les escapen, es por algo mucho más sencillo: los osos polares y los pingüinos… ¡viven en lados opuestos del planeta! Separados por miles de kilómetros, por lo que nunca podrán encontrarse en estado salvaje.

Esto es algo que muchas personas desconocen: los osos polares viven únicamente en el Polo Norte, en la zona del Ártico, y los pingüinos lo hacen en el hemisferio sur, cerca de la Antártida. Los osos polares **se alimentan de focas**, a las que dan caza en las placas de hielo que flotan sobre el mar. Allí, esperan a que las distraídas focas salgan del agua a respirar, o a tomar el sol, y las atrapan fuera del agua, donde los osos son mucho más rápidos. Los pingüinos, en cambio, tienen como depredadores a animales marinos como orcas y focas leopardo.

El propio nombre de los polos, Ártico y Antártico tiene mucho que ver con esto: Ártico viene del griego **arktos**, que significa «oso», y Antártico proviene de **antarktiké** y quiere decir «lo opuesto al oso». Aunque en realidad se refieren a las constelaciones de la Osa Mayor y la Osa Menor, coincide con que en el Ártico hay osos y en la Antártida no.

En el Polo Norte sí que hay algunas aves parecidas a los pingüinos. Son las alcas, que, a diferencia de ellos, pueden volar. De hecho, en invierno muchas de ellas viajan hasta el mar Mediterráneo.

¿SABÍAS QUE TODOS LOS RENOS QUE TIRAN DEL TRINEO DE PAPÁ NOEL SON HEMBRAS?

Trueno, Cometa, Juguetón, Cupido, Relámpago, Brioso, Bailarín, Acróbata y Rodolfo. Así se llaman los nueve renos que ayudan a Papá Noel a repartir los regalos todas las navidades. O, mejor dicho, las nueve renas, porque todas ellas son hembras. ¿Y cómo lo sabemos? Pues la respuesta es fácil: **por sus preciosas cuernas**.

En animales como ciervos, gamos o corzos, solo a los machos les crecen esas cornamentas tan vistosas. Las usan para impresionar a las hembras y pelearse entre ellos. Sin embargo, a sus primos los renos, les crecen esas cuernas tanto a machos como a hembras. **Algo curioso**: todos los años se les caen y les vuelven a crecer al año siguiente. Y es justo por eso por lo que sabemos que son hembras quienes ayudan a Papá Noel. A los renos macho se les caen las cuernas a principios de diciembre, así que, para la noche del 24, que es cuando tirarían del trineo, no las tendrían. Sin embargo, las hembras las pierden en primavera y pasan todo el invierno con ellas.

Pero **¿por qué ellas no pierden las cuernas en invierno y los machos sí?** Porque, en invierno, las hembras están embarazadas, por lo que necesitan alimentarse muy bien. Manteniendo las cuernas podrán defender la escasa comida que encuentren entre la nieve, así estarán mejor alimentadas y sus crías nacerán fuertes y sanas.

¿POR QUÉ LAS BALLENAS VAN A LOS POLOS A BUSCAR COMIDA SI HACE TANTO FRÍO?

En la superficie, los polos pueden parecer lugares inhóspitos, fríos y con poca vida. Sin embargo, son de los lugares más ricos del planeta, repletos de vida y de alimento… **bajo el agua**. Esto atrae a miles de animales de todo el mundo, incluso a las gigantescas ballenas.

En los polos, durante el invierno, es de noche casi todo el tiempo y la gruesa capa de hielo dificulta muchísimo que se abra camino la vida. Sin embargo, durante el verano, en esa misma agua se produce una explosión de vida. En esta época, el sol luce durante muchas horas y, además, en estas zonas **emergen desde las profundidades del océano muchísimos nutrientes**, lo que hace que crezcan muchas algas. Incluso el hielo, que podría parecer ser un obstáculo, protege a las algas mientras deja pasar la luz, haciendo que crezcan mucho más.

Estas algas **son el alimento del plancton**, como el krill, pequeñas gambitas que, a su vez, son la comida de animales más grandes, como son peces, pingüinos y, por supuesto, ballenas. De hecho, **el krill es la base de todo el ecosistema de la Antártida**.

Tanta cantidad de comida hace que los animales recorran miles de kilómetros para llegar hasta allí. Las **ballenas jorobadas**, por ejemplo, recorren cada año más de 16.000 kilómetros solo para alimentarse. Eso es como ir desde España hasta Australia, ¡pero nadando!

¿SABES CUÁL ES LA MIGRACIÓN MÁS LARGA HECHA POR UN ANIMAL?

La migración que hacen las ballenas todos los años tiene mucho mérito. No es fácil nadar tantos kilómetros, ni siquiera para un animal tan grande. Pero lo que hace **el charrán ártico**, un pajarillo de solo 100 gramos de peso, es aún más impresionante.

El charrán ártico anida todos los años en Groenlandia, cerca del Polo Norte. Al llegar el invierno, vuela hasta la Antártida para alimentarse, para luego volver a subir a sus zonas de anidación, donde se junta con su pareja. Esto quiere decir que se trata de la migración anual más larga hecha por un animal: cada año **hace ¡70.000 kilómetros volando!**

Estos asombrosos pájaros pueden vivir más de 30 años. Si sumamos todos los viajes que hace a lo largo de su vida, un solo pájaro **podría ir y volver a la Luna casi tres veces**. Eso sí, necesitaría un traje espacial.

Pero ¿por qué razón vuela tan lejos? Con esta gran migración consigue algo que pocos animales pueden hacer: **disfrutar de dos veranos al año**. Cuando en el Polo Norte es verano, en el Polo Sur es invierno. Y al revés. De esta forma, anida en el verano ártico y baja a alimentarse en el verano antártico. Así ¡nunca pasa frío!

Pero no lo hace todo del tirón. Suele parar a medio camino durante un mes para recuperar fuerzas en las tranquilas islas del Atlántico.

¿HAY TIBURONES EN LOS POLOS?

A la mayoría de los tiburones **les encanta el agua calentita**. A los tiburones tigre, por ejemplo, les gusta vivir en mares cuyas aguas están a 22 grados. Sin embargo, existen unos pocos tiburones que se han adaptado a vivir en las frías aguas del Ártico.

El más alucinante es **el tiburón de Groenlandia**. Este gigante, que llega a medir más de seis metros, ha batido varios récords del mundo. Es el tiburón que vive en las aguas más frías. De hecho, su temperatura del agua preferida es de… **¡cero grados!** Normalmente, nada a más de 1.000 metros de profundidad, pero se le ha llegado a ver a más de 2.500 metros. Si hubiera un ascensor submarino que nos llevara hasta allí, tardaríamos casi una hora en llegar.

Pero lo más asombroso de este tiburón es que **puede llegar a vivir ¡400 años!** Y eso que sepamos…, porque es la edad del tiburón de Groenlandia más viejo que hemos encontrado, por lo que podría ser que pudiera vivir aún más. Se trata del animal vertebrado más longevo del mundo y, también, el que tarda más en reproducirse, porque no empieza a tener crías hasta que cumple 150 años.

Este tiburón, y otros de su grupo, recibe el curioso apodo de **tiburón dormido**, porque se mueven extremadamente lentos. Aun así, son buenos cazadores y pillan a sus presas por sorpresa.

¿POR QUÉ LAS MORSAS TIENEN ESOS BIGOTES TAN FRONDOSOS?

Las morsas son conocidas por sus gigantescos colmillos, que usan para defenderse de sus depredadores e incluso para abrir orificios en el hielo y poder respirar. Sin embargo, lo realmente curioso son sus bigotes, llenos de pelos rectos, largos y muy duros. Pero no los tienen porque quieran ir a la moda: **sin ellos, es como si estuvieran ciegas**.

Son animales enormes, con el tamaño y el peso de un coche pequeño. Necesitan comer todos los días muchos kilos de almejas, mejillones, gusanos o cangrejos enterrados. Pero hay un problema: el agua donde viven y buscan alimento es muy turbia y no pueden ver mucho cuando rebuscan por el fondo. Además, ese cuerpo tan rechoncho, hecho para soportar las frías temperaturas del Ártico, no deja que sus aletas lleguen a palpar a ciegas la comida. Para eso, **usan sus bigotes**.

Pueden llegar a tener **hasta 700 de esos superpelos**, que son muy sensibles y funcionan como unos dedos. Cuando buscan comida, van con ellos pegados al fondo, como si fueran un cepillo, y pueden sentir qué están tocando, si está duro o es blando, si es grande o es pequeño, incluso su textura… Funcionan, literalmente, como una mano que busca comida bajo la arena.

Esos pelos son tan efectivos que la morsa puede seleccionar y comer toda la comida que necesita **sin tener que usar la vista** ni un momento.

¿QUÉ PEZ PUEDE VIVIR EN AGUAS HELADAS SIN CONGELARSE?

Los peces son **animales de sangre fría**, es decir, que su cuerpo tiene, más o menos, la misma temperatura que el agua en la que nadan y que no pueden calentarse por sí mismos. Por eso, la mayoría de los peces viven en aguas calentitas, donde pueden estar más cómodos. Sin embargo, hay un grupo de peces muy especial que se ha adaptado a vivir en las aguas más frías del planeta: **los peces hielo**.

Estos increíbles peces con boca de cocodrilo se llaman así no solo porque vivan bajo el hielo de la Antártida, sino porque todo su cuerpo parece hecho de hielo. Son de un color muy claro, casi blancos, pero lo más sorprendente es que **su sangre ¡es casi transparente!**

Esto, que puede parecer muy chulo, **es un problema para ellos**. La sangre es la encargada de transportar el oxígeno por todo el cuerpo, pero esta sangre transparente puede cargar muy poquito: únicamente, una pequeña parte de lo que transporta la sangre roja de otros peces. Para compensarlo, tienen el corazón mucho más grande, que, por supuesto, es blanco.

Pero lo que los hace realmente especiales a estos peces es que **son capaces de habitar en aguas de temperaturas bajo cero** casi todo el año. Cualquier otro pez normal se congelaría, pero ellos viven supercómodos gracias a que su cuerpo está repleto de proteínas anticongelantes que impiden que crezcan cristales de hielo.

¿EXISTEN ANIMALES INMORTALES?

El ser humano siempre ha soñado con vivir eternamente, pero ¿y si el secreto de la inmortalidad lo tuviera un animal del tamaño de un guisante y que está formado casi completamente por agua? Nosotros no lo hemos conseguido todavía, pero hay un animal que sí parece haberlo conseguido: **la medusa inmortal**.

Esta minúscula medusa es originaria de los cálidos mares del Caribe, pero se ha extendido por casi todo el mundo. Cuando una de estas medusas nace, primero vive pegada a las rocas, como si fuera una anémona. En esta fase de su vida, a la medusa la llamamos **pólipo**. Cuando crece lo suficiente, se suelta y empieza a nadar. Normalmente, esa medusa se reproduce y, al poco tiempo, muere. Sin embargo, las medusas inmortales han conseguido que esto no suceda.

Cuando están estresadas o enfermas, las medusas inmortales **pueden retroceder hasta cuando eran pólipos**, y así recuperarse y volver a iniciar su vida casi desde cero. ¡Es como si una persona se convirtiera de nuevo en bebé al hacerse anciano! En teoría, puede hacer esto una y otra vez… ¡Y vivir para siempre!

Aún hay más: cuando la medusa vuelve a ser un pólipo, se multiplica y salen nadando muchas más medusas iguales a ella. Así que **no solo se rejuvenece, también se clona**, creando muchas más medusas iguales a ella que también vivirán para siempre. Entonces, ¿por qué no está todo el mar lleno de estas medusas? Porque, aunque las medusas puedan rejuvenecer, su diminuto tamaño las convierte en el alimento de muchas especies de animales.

¿HAY ANIMALES CON MÁS DE UN CORAZÓN?

Hemos hablado ya varias veces de los pulpos en este libro, pero son tan increíbles que se merecen dedicarles otra pregunta más. Porque, además de tratarse de los reyes del camuflaje, de ser los invertebrados más inteligentes y de tener brazos que piensan por sí mismos, poseen otra característica sorprendente: **¡tienen tres corazones!**

Y los pulpos no están solos: sus primas las **sepias** y los **calamares** los tienen también. Pero ¿para qué necesitan tantos?

En los pulpos, **cada uno de sus corazones desempeña un trabajo diferente**. Tienen un corazón principal que se ocupa de enviar a todo el cuerpo la sangre con oxígeno. Los otros dos, que están colocados al lado de las branquias, son los encargados de llevar hasta ellas la sangre pobre en oxígeno. Allí, se recargará de oxígeno e irá hasta el corazón principal, que la reparte de nuevo.

Cuando el pulpo está nadando rápido, el corazón principal se le para y deja de latir. Por eso, **nadar le cansa mucho y prefiere ir andando**, agarrándose con sus brazos a rocas o al fondo.

Por si esto fuera poco, los pulpos no tienen la sangre roja como nosotros. **¡La tienen azul!** Como esta sangre no puede mover tanto oxígeno como la roja, al pulpo le viene muy bien tener tres corazones para poder mover la sangre más rápido. Eso compensa la diferencia y permite que el pulpo tenga una vida mucho más activa.

¿SABES QUE ALGUNOS ANIMALES PUEDEN PREDECIR EL CLIMA?

Como si de un meteorólogo se tratase, muchos animales son capaces de predecir el tiempo que hará. **¡Y sin satélites!**

Las **vacas** son buenísimas prediciendo tormentas. Antes de que llegue una, las vacas se tumban muy pegadas entre ellas. Esto les viene muy bien porque se mantienen calentitas y descansan sobre suelo seco.

Los **tiburones** pueden predecir huracanes, ¡incluso debajo del agua! Cuando se acerca uno, bajan a aguas profundas, donde no tendrán que aguantar el ajetreo de las olas en la superficie, que podría lastimarlos.

Las hormigas, las ranas y los pájaros son capaces de saber si se avecina una tormenta fuerte, lo que les permite prepararse para no sufrir daños. Las **hormigas**, por ejemplo, crean montañas de arena en la entrada de su hormiguero para que esté más elevada que el suelo y que no entre el agua. Por su parte, las **ranas** y los **pájaros** buscan refugio antes de que llegue lo peor de la tormenta.

Pero **¿cómo pueden saberlo?** Porque tienen unos sentidos más finos que los nuestros y detectan los cambios de humedad, temperatura y presión en el ambiente que suceden antes de una gran tormenta.

> Además del clima, ¡los animales también pueden predecir terremotos! En un experimento se vio que las vacas, cabras y perros se movían mucho más de lo normal las horas antes de los terremotos. ¡Y los acertaron casi todos!

¿QUÉ ANIMAL HACE CACA CON FORMA DE DADOS?

En **Australia** viven algunos de los animales
más sorprendentes del mundo, como koalas,
canguros, ornitorrincos o equidnas. Por tanto,
estaba claro que el único animal que hace
caca con forma de dados tenía que vivir allí.

Se trata del **wombat**, un peludito animal
del tamaño de un perro, pero más rechoncho
y con cara de simpático. Estos animalitos son
herbívoros y **hacen caca en forma de cubos**,
porque su intestino es muy especial. Tiene unas partes más duras
y otras más blandas, que, al moverse, crean esas formas tan únicas.

¡Lo cierto es que les vienen muy bien! Y es que no hay nada mejor
para marcar su territorio que dejar montañitas de caca perfectamente
cúbicas, que no salen rodando cuando las dejas encima de una piedra.
Y no te preocupes, que no se quedarán sin ellas, porque llegan a hacer
¡100 dados de caca por noche!

Pero no es lo único que el wombat hace con su trasero. Cuando está
siendo atacado, se mete en su madriguera y tapa la entada con su duro
culo, que está protegido por un cartílago y **le sirve como escudo**. Así
intentará resistir los arañazos y los mordiscos de su atacante. Además,
si a este se le ocurre meter la garra en la madriguera, el wombat usará
su culo para aplastársela contra la pared, quitándole las ganas de
molestar a otros wombats.

¿CUÁL ES EL ANIMAL MÁS RÁPIDO DEL MUNDO?

En el mundo animal **hay velocistas increíbles**, pero, como no es lo mismo volar, correr o nadar, dividimos la respuesta en tres partes.

Es muy difícil coger velocidad en **el mar**, porque el agua es mucho más espesa que el aire y te va frenando. Aun así, hay animales rapidísimos, como el atún, el pez espada o el tiburón mako. Pero **nadie puede vencer al pez vela**. Algunos científicos dicen que no puede superar los 35 kilómetros por hora, pero otros aseguran que lo han visto saltar a más de 100 kilómetros por hora. ¡Habrá que seguir investigando!

En **la tierra** hay muchos corredores rápidos, como el avestruz o la gacela. Pero **el más rápido, sin duda, es el guepardo**. Se les ha grabado, a estos primos de los gatos, corriendo a casi 100 kilómetros por hora detrás de una presa, ¡tan rápido como un coche en carretera!

Pero el campeón, no solo en **el aire**, sino de todos los animales, es **el halcón peregrino**. No es más grande que una gallina, pero su cuerpo, sus alas y, sobre todo, su técnica de caer en picado **lo convierten en una bala**. Puede ir a más de 320 kilómetros por hora, ¡como un tren de alta velocidad! No hay pájaro en el aire que pueda escapar de él.

Si lo comparamos con su tamaño, hay animales diminutos que baten récords. Por ejemplo, un pequeño ácaro puede recorrer en un solo segundo casi 200 veces lo que mide su cuerpo. Si un humano hiciera eso, podría ir de Madrid a Barcelona en menos de media hora.

¿HAY ANIMALES QUE CULTIVAN SU PROPIA COMIDA?

Los humanos empezamos a **cultivar nuestra propia comida hace unos 14.000 años**. Fue uno de los avances más importantes en la historia de la humanidad. Hasta hace poco, creíamos que solo las personas podían hacerlo, pero resulta que hay animales que llevan cultivando ¡mucho antes que nosotros!

Las **hormigas cortadoras de hojas,** unos insectos que habitan las selvas tropicales, cortan trocitos de las hojas de los árboles. Pero no se alimentan de ellas: comen hongos que cultivan como un granjero que cuida de sus tomates. Cortan las hojas y las llevan a su hormiguero, donde las mastican y luego las guardan en una cámara especial. Allí, **«plantan» los hongos en esa «tierra de hojas» y los cuidan**, vigilando la temperatura, la humedad y las posibles enfermedades. Cultivan tan bien que muchos hongos no podrían vivir sin ellas.

> Otras hormigas van más allá. Tienen rebaños de pulgones que cuidan y ordeñan para alimentarse del líquido dulce que producen. Además, los resguardan en su hormiguero cuando hace frío y, si se mudan, ¡se llevan los pulgones con ellas! Es lo más parecido a cuidar una vaca que he visto nunca.

No solo es cosa de insectos. **Una especie de pez damisela**, que se alimenta de algas, ha aprendido a cultivarlas sobre las piedras. Además de vigilar y mantener limpia su granja, tienen gambitas como mascotas, cuyas cacas sirven de abono para las algas. ¡Como un agricultor que utiliza estiércol!

¿SUEÑAN LOS ANIMALES?

¿Has visto un perrito dormido, que ladra bajito y mueve las patas? Pues está soñando. Y es que no solo soñamos los humanos: muchos animales también lo hacen y de forma parecida a la nuestra.

Por ejemplo, los **perros** pasan por nuestras mismas fases del sueño. Además, sueñan con los paseos y juegos que han hecho ese día. Por su parte, los **gatos** sueñan con acciones, como saltar, cazar o explorar.

También hay **mamíferos pequeños** que sueñan. Se ha visto que, tras superar un laberinto, las ratas sueñan con cómo lo han conseguido. Los científicos incluso pueden saber con qué parte del laberinto sueñan las ratitas o si están paradas o caminando.

En su momento, se creía que soñar era solo cosa de mamíferos, pero estábamos equivocados. Por ejemplo, los **pájaros diamante** sueñan con sus cantos favoritos, que repetirán al despertar. Cuando sueñan, los **pulpos** cambian de color rápidamente, como si recordaran las aventuras que han vivido durante el día.

Y es que soñar es muy útil. Con ellos, los animales fijamos recuerdos, practicamos comportamientos que hemos aprendido y gestionamos nuestras emociones. Es decir, **nos preparan para la vida despierta**.

¿Cómo saben los científicos con qué sueña un animal? Se ha descubierto que las partes del cerebro que se activan cuando un animal hace una actividad y cuando sueña con ella son exactamente las mismas. Así, pueden saber qué está soñando el animal en cada momento.

¿CUÁL ES EL SUPERHÉROE DE LOS ANIMALES?

Podríamos pensar que el superhéroe de los animales es el león o el oso, pero, en realidad, es una rata sin pelo que vive en madrigueras de las praderas secas del Cuerno de África: **la rata topo desnuda**.

Estos pequeños mamíferos **tienen una organización social única**: viven en grandes colonias de cientos de animales bajo tierra (como las hormigas), con una reina (que tiene las crías), y obreras que cuidan y protegen la colonia, pero que no se reproducen. No beben agua y viven mucho. ¡Hasta 37 años! Unas diez veces más que una rata normal.

Pero lo que realmente las convierte en superhéroes es otra cosa: **es que estos animales no envejecen**. No sufren los dolores ni los cambios que tenemos las personas cuando nos hacemos mayores. Su aspecto es casi idéntico desde que nacen. Además, no padecen enfermedades tan peligrosas para los humanos y para otros animales, como es el cáncer. Son totalmente inmunes. De hecho, los científicos intentan averiguar cómo lo hacen para curar esas enfermedades.

Por si eso fuera poco, casi no sienten dolor y son muy resistentes a la falta de oxígeno. **Pueden sobrevivir casi 20 minutos sin nada de oxígeno**, ¡cuando una persona normal se desmaya en solo dos!

Después de todo esto, nadie le puede quitar a la rata topo desnuda **el título de superhéroe del reino animal**.

¿HAY ANIMALES QUE VAN AL «COLE»?

Las personas son los únicos animales que van al «cole», aunque hay también muchísimos otros que **enseñan a sus pequeños**.

Los **suricatas** adultos enseñan a los pequeños a cazar escorpiones venenosos. Primero, les llevan escorpiones muertos. Luego, vivos, pero sin el aguijón venenoso. Por último, intactos, pero de especies poco peligrosas. Así, las crías aprenden paso a paso.

Los **chimpancés**, cuando un pequeño grupo aprendió a utilizar las piedras para poder partir las duras cáscaras de las nueces, comenzaron a enseñárselo a otros grupos cercanos. Con el paso del tiempo, todos los chimpancés de esa zona aprendieron la técnica. Y se ha descubierto que la llevan enseñando **¡desde hace 4.000 años!** Chimpancés de otras zonas no lo hacen, aunque tengan las mismas piedras, por lo que este comportamiento solo puede ser aprendido.

Y las **hormigas de las rocas** hacen algo alucinante. Si una hormiga sabe dónde hay comida, le enseñará a otra el camino pacientemente. Irán juntas, parándose para que la aprendiz se fije bien. Es como si le dijera: **Cuando llegues a esta piedra, gira a la derecha**. Y lo más curioso es que la aprendiz le «responde» para que la otra sepa que lo ha entendido. Si lo pilla rápido, van más deprisa; si no, irán lentas.

> Hay muchos más ejemplos. Delfines, orcas y ballenas se enseñan para cazar; hay pájaros que les enseñan a sus crías cómo cantar; y peces que se enseñan las mejores rutas migratorias entre ellos. Esto muestra que los animales pueden tener tradiciones y una cultura propia, parecida a la nuestra.

¿EXISTEN LOS VAMPIROS?

¡Sí, existen! Aunque no como nos los imaginamos: ni viven en castillos ni se transforman en humanos. Son **los murciélagos vampiros**.

Estos pequeños mamíferos voladores miden lo que una tarjeta de crédito, viven en América y, como los vampiros de los cuentos, **solo se alimentan de sangre**. Aunque son poco comunes: solo tres de las más de 1.000 especies de murciélagos lo hacen.

Se alimentan de la sangre de vacas y caballos, pero quédate tranquilo: a estos animales no les pasa nada y, por supuesto, no se convierten en vampiros. Ni muerden en el cuello. De hecho, pueden estar hasta 40 minutos eligiendo el sitio adecuado para morder. Estos vampiros no absorben la sangre como si chuparan por una pajita, sino que la van lamiendo según sale de la herida. Para evitar que se coagule y deje de salir, su saliva tiene una proteína anticoagulante llamada **draculina**.

Viven en grupos de diez o doce murciélagos. Son buenos compañeros y muy fieles a sus amigos: **cooperan entre ellos**, aunque no sean de la misma familia. Si un murciélago no consigue comida, algún amigo le dará parte de la suya. Incluso se ha visto a madres alimentando a crías que no son suyas. Y eso es muy especial: la sangre no alimenta mucho, y no pueden estar tanto tiempo sin comer, así que compartir algo tan valioso significa que ese amigo es muy importante.

Los vampiros hacen amistades muy fuertes y las mantienen mucho tiempo. En experimentos, cuando dos murciélagos se hacían amigos en el laboratorio, seguían siéndolo después, en libertad.

¿BEBEN LOS PECES EN EL RÍO?

«¡Pero mira cómo beben los peces en el río!». Eso es lo que dice un popular villancico que se canta en muchos países durante las fiestas de la Navidad. Pero ¿los peces beben agua? **Depende de dónde vivan.**

Los **peces de río**, como los de la canción, **no beben**. No lo hacen porque, al vivir dentro de agua dulce, esta entra sola en su cuerpo. ¡Son como una esponja! No tienen que esforzarse en beber. Eso sí: se pasan todo el día haciendo pis para sacar toda el agua que no necesitan.

Al contrario de lo que les pasa a los peces que viven **en el mar**. El agua salada les intenta **robar** el agua dulce de su cuerpo, así que tienen que beber mucho para compensarlo. Luego, su cuerpo se esfuerza para sacar toda esa sal «extra» que tragan cuando beben.

Esto lo puedes comprobar muy fácil con un **experimento en casa**: llena dos vasos de agua por la mitad. En uno, echa dos cucharadas grandes de sal, y en el otro, nada. Luego, corta dos rodajas de patata y mete una en cada vaso. Después de una hora, verás como la rodaja del agua con sal se ha hecho más pequeña y blanda, porque ha perdido agua, mientras que la otra está hinchada.

Por tanto, después de conocer esto, el villancico debería decir: **«¡Pero mira cómo... hacen pis los peces en el río!».** Aunque creo que no queda tan bien como la original, ¿verdad?

¿LOS TIBURONES COMEN PERSONAS?

Muchos piensan que, si se bañan en la playa, **vendrá un tiburón y izas!, mordisco**. Pero la probabilidad de que pase esto es muy baja. Es más fácil que nos hagamos una herida con un cubo y una pala.

La mayoría de los tiburones miden menos que nuestro brazo. Y comen pequeños peces, pulpos y cangrejos. **¡No estamos en su menú!** Si nos acercamos a uno, nos detectará con sus afinados sentidos y se irá, mucho antes de que nos demos cuenta. Solo podría mordernos si nos seguimos acercando, pero para decirnos que nos vayamos. Como son pequeños, nos haría una herida parecida al arañazo de un gato. Incluso, entonces, lo más probable es que se asuste, se esconda o se escape.

¿Y qué pasa con los tiburones grandes? Que suelen vivir lejos de la playa y comer peces o focas, no personas. Si alguna vez muerden a una, es por error o por sentirse amenazados. Eso es muy raro, y cuando se dan cuenta de que no somos una foca nos sueltan. No les gustamos.

> Los tiburones grandes no se acercan a la playa y,
> si lo hacen, es porque están enfermos o desorientados.
> Así que, si algún día te encuentras con uno cerca de la orilla,
> avisa a las autoridades para que intenten ayudarlo.

Los tiburones tienen fama de peligrosos, pero **son los vigilantes del mar**. Se comen los peces débiles o enfermos, controlan que el resto estén sanos y que todo esté en orden y en equilibrio. Sin ellos, todo sería diferente. ¡Incluso nosotros tendríamos menos peces para comer!

¿A LOS TOROS LES ENFURECE EL COLOR ROJO?

Probablemente hayas visto en dibujos animados un toro enfadándose muchísimo al ver algo rojo y corriendo a embestirlo. En la vida real, no es así. Los toros no se enfurecen por el color rojo, **¡ni lo diferencian!**

No ven los colores como nosotros. Tampoco ven en blanco y negro. Tienen un tipo de visión por el que **solo distinguen los colores azulados y amarillo-verdosos**. Eso quiere decir que, prácticamente, ven igual el rojo y el verde: para ellos una manzana roja y una hoja son del mismo color. Es algo parecido a lo que les pasa a los daltónicos.

Por tanto: no, no tienen nada en contra del rojo. De hecho, la vista no es el sentido más fino de los toros. Confían mucho más **en su oído y en su olfato**, con el que pueden detectar olores a enormes distancias.

Entonces, **¿por qué embisten al capote rojizo de los toreros?** Por varios motivos. Primero, el pobre animal está asustado y nervioso, después de entrar en un espacio que no conoce y con un montón de ruido a su alrededor. Y segundo, a lo que reacciona es al movimiento brusco del capote, no al color. Cuando los toros ven que algo se mueve bruscamente, lo pueden detectar como una amenaza y es posible que lo embistan como forma de defenderse.

> **Por eso, si vas por el campo y te encuentras con un toro, no te preocupes si tu mochila o tus pantalones son de color rojo, porque a ellos les da igual. Eso sí, procura alejarte despacio y sin hacer movimientos bruscos, para que no se asuste.**

¿ES EL HUMANO EL ANIMAL MÁS INTELIGENTE?

Los humanos hemos inventado idiomas, podemos razonar y hasta sentir empatía por los demás. Pero **¿qué significa ser inteligentes?**

¿Lo es poder comunicarnos? Otros animales también lo hacen. Incluso algunos muy pequeños: las abejas les dicen a otras dónde están las flores con un baile, usando la posición del sol como mapa.

Ni somos los únicos que razonamos y tenemos buena memoria. Hay ratas que han aprendido a conducir coches de juguete con solo razonar. O cerditos que usan herramientas, como espejos, para hallar comida oculta. Y los hay que los superan: **el pájaro cascanueces** puede recordar dónde dejó su comida un año después. ¡Y yo lo pierdo todo!

Tampoco somos los únicos que sentimos empatía. Si un ratón ve a otro desmayado, lo intenta ayudar tirándole de la lengua para despertarlo. Y ¿por qué de la lengua y no de una oreja? Pues porque sabe que eso es lo más efectivo. Los científicos han descubierto que la lengua está conectada con el cerebro a través de unos nervios especiales, y tirar de ella hace que el ratón se despierte.

Así que no, no somos los más inteligentes, sino que **cada animal tiene la inteligencia adecuada para sobrevivir** en su mundo.

Muchos animales nos ganan en otras habilidades: los pájaros y peces ven colores que no nos podemos ni imaginar, los perros tienen un olfato 100.000 veces mejor que el nuestro y los murciélagos pueden «ver» con sus oídos, gracias a la ecolocalización.

SI LAS ABEJAS SE EXTINGUIESEN, ¿SE ACABARÍA EL MUNDO?

Si las abejas se extinguiesen no se acabaría el mundo…, **pero sería mucho peor**.

Las abejas hacen mucho más que miel. Son indispensables para que muchas plantas den sus frutos, llevando el polen de flor en flor. Gracias a ellas, tenemos alimentos y las plantas tienen las semillas de las que salen otras plantas. **Sin abejas**, estas plantas no se podrían reproducir y los animales, incluidos nosotros, **sufriríamos mucho para conseguir alimento**.

Pero no todo depende de ellas. Las abejas son los capitanes de uno de los grupos de animales más importantes que existen: **los polinizadores**. En ese grupo encontramos animales como son las mariposas y las polillas, los abejorros, los escarabajos, los mosquitos y las moscas. Y también los extraños **bombílidos**. Se ha visto que casi todas las plantas con flores dependen de ellos para reproducirse. Por ello, si las abejas se extinguiesen, el resto de polinizadores podría seguir haciendo su labor.

Eso sí, si los polinizadores fueran nuestro equipo de fútbol, perder a las abejas sería como perder a **nuestro mejor jugador**. Ganar el partido sería mucho más costoso, aunque el resto de los jugadores seguirían luchando. Sin embargo, si perdemos a muchos jugadores menos importantes, lo tenemos perdido.

Por eso, tenemos que cuidar las abejas, pero también **es importante proteger todas las especies**, por poco importantes que parezcan.

¿SE PUEDE RESUCITAR A UNA ESPECIE EXTINTA COMO EL MAMUT?

Los científicos llevan muchos años intentando traer de vuelta especies extintas, como el mamut, que desaparecieron en parte por nuestra culpa. Pero ¿es posible? Sí. Para lograrlo, **hay que clonarlos**.

Si has visto *Parque Jurásico* sabrás que, para clonar un animal, es necesario su ADN. He aquí el primer problema: **el ADN**, que es como un pergamino diminuto y larguísimo, es donde está escrita **toda la información para construir un ser vivo**. Es muy delicado, así que no se conserva ni en fósiles ni en ámbar, como sí se ve en la película. ¿Tenemos ADN de mamut? Pues sí, o casi. Se han encontrado mamuts en la tierra congelada de Siberia que aún tenían su ADN casi intacto.

El siguiente paso es **reparar el ADN dañado**. Para ello, necesitamos partes del ADN del animal vivo más cercano: en este caso, el elefante. Y aquí el segundo problema. Si mezclamos trozos de ADN de mamut con trozos del ADN de elefante, no estaríamos resucitando al verdadero mamut sino a una mezcla de los dos animales.

Pero para **desextinguir** una especie no basta con un solo animal. Hacen falta grandes grupos que puedan vivir en la naturaleza. Además, su ADN debe ser ligeramente diferente entre cada uno de los individuos para evitar enfermedades. Y esto, de momento, es muy difícil.

Así que sí, se pueden crear individuos de especies ya extintas, pero hoy día no podemos «desextinguir» especies que no existen. Por esta razón, **es mejor cuidar las especies que tenemos, antes de que desaparezcan**.

¿POR QUÉ TEMEMOS A LAS RATAS O CUCARACHAS Y NO A LOS CONEJOS O GRILLOS?

Seguro que conoces a alguien que no soporta ver una rata o que grita si ve una cucaracha. Pero ¿por qué no tenemos miedo de animales parecidos, como grillos o conejos? En realidad, **la culpa es nuestra**.

Todo está en los detalles. Los grillos cantan y eso nos gusta. Los conejitos son suaves, con ojos grandes y tiernos. En cambio, las ratas y las cucarachas se mueven muy rápido y es difícil saber qué harán. Y a los humanos nos asusta lo que no podemos controlar.

Las ratas y las cucarachas llevan a nuestro lado miles de años, pero, para vivir, les hemos dejado los lugares donde se acumula toda nuestra suciedad, y eso **les ha dado fama de animales sucios** y transmisores de enfermedades. Muchas veces, esta fama es injusta. Por ejemplo, hace 700 años, la peste negra mató a muchísima gente. Al principio, se culpó a las ratas de transmitir la enfermedad, pero luego se descubrió que las culpables eran las pulgas. Las ratas nunca se quitaron la mala fama. Al final, las vemos de forma negativa por lo que pensamos de ellas, no por lo que son. Y solemos temer lo que no conocemos e intentamos destruir lo que tememos.

Las ratas son animales superinteligentes, cariñosas y mucho menos agresivas que un hámster o un ratón. Incluso salvan vidas humanas: son capaces de **detectar enfermedades o de encontrar personas perdidas** tras un terremoto. Deberíamos estarles muy agradecidos.

¿LOS PECES TIENEN SOLO TRES SEGUNDOS DE MEMORIA?

Aunque se pueda creer que los peces no son muy listos, tienen una memoria que te sorprendería: pueden aprender que algo es peligroso y acordase, **durante mucho tiempo**, de dónde encontraron comida.

Un experimento hizo que un grupo de carpas doradas se enfrentara a un laberinto. La primera vez, tardaron casi diez minutos en completarlo, pero, tras practicar, ¡tardaron solo dos! **Se lo habían aprendido de memoria.** Pero… ¡es que incluso saben hacer matemáticas! En otro experimento, se descubrió que muchos peces pueden **hacer sumas y restas sencillas** después de entrenar un poco.

En la naturaleza hay cosas aún más impresionantes. Los salmones recuerdan rutas de migración durante años, y hay peces que incluso ¡reconocen personas! De hecho, en un experimento en el mar, unos peces identificaron a un investigador que siempre llevaba su comida ¡y se la robaban antes de que se diera cuenta!

Entonces, ¿los peces tienen solo tres segundos de memoria? **No, o al menos no todos.**

> No sabemos por qué se cree que los peces son torpes o poco inteligentes. Quizá sea porque se comportan de forma muy diferente en cautividad: si tenemos peces en peceras pequeñas, es probable que nos parezcan aburridos… ¡porque están aburridos! Pero, en su hábitat natural, muestran comportamientos sorprendentes y demuestran lo listos que son.

¿LOS TOPOS SON CIEGOS?

La mayoría de los topos tienen los ojos muy pequeños. Algunos, como el topo ibérico, los tienen debajo de la piel, por lo que se pensaba que eran ciegos. En realidad, no lo son, solo que **sus ojos están adaptados a su modo de vida**.

Los topos pasan casi toda su vida haciendo túneles y galerías bajo tierra, donde no llega la luz del sol, por lo que no necesitan unos ojos grandes como los nuestros. Los ojos pequeños, o tapados, tienen una **ventaja**: es más difícil que les entre arena o se los arañen sin querer. Tampoco necesitan ver con detalle. Les basta con detectar la luz para saber si están cerca de una salida que puede ser peligrosa o si en su galería se ha abierto un agujero, y con sus ojos pueden hacerlo. ¡Incluso pueden saber en qué época del año están!

> Para saber lo que los rodea, los topos han desarrollado increíblemente el sentido del tacto. Tienen unos órganos supersensibles llamados «órganos de Eimer». Con ellos, pueden saber con todo lujo de detalles lo que los rodea, incluyendo su textura, temperatura y consistencia.

Uno de los topos más sorprendentes es **el de nariz estrellada**. Como su nombre indica, tiene la nariz en forma de estrella y está repleta de **órganos de Eimer**, lo que lo convierte en uno de los hocicos más sensibles del reino animal. Con solo tocar algo, puede crear en su mente una imagen tridimensional; es como «ver» con el tacto.

¿LOS PERROS VEN EN BLANCO Y NEGRO?

Muchas personas piensan que los perros ven mal. Pero ¿qué tiene esto de cierto? Los perros no diferencian tantos colores como sí lo hacemos nosotros, aunque no ven en blanco y negro. De hecho, ven el mundo **en tonos amarillos, azules y grisáceos**. En cambio, los verdes y los rojos los ven muy parecidos y no les llaman mucho la atención.

Tampoco se les da muy bien apreciar los detalles: de hecho, ven ocho veces menos detalles que nosotros. Pero, en el resto de los aspectos, **su vista es bastante mejor que la nuestra**. Son capaces de detectar movimientos muy rápidos, que a nosotros se nos escapan. Y, de noche, ven muy bien gracias a una fina capa en el fondo del ojo que multiplica la poca luz que les llega. Además, tienen un campo visual mucho mayor que el nuestro, lo que significa que, de un solo vistazo, pueden vigilar mucho más terreno.

Su vista es perfecta para lo que necesitan. En sus orígenes, **los perros eran animales cazadores**, que tenían que detectar presas escondidas que se movían muy rápido con poca luz (porque, claro, ¡los perros no usan linternas!). Ellos son capaces de atrapar un pájaro que sale, por sorpresa, de un matorral. En cambio, a nosotros, que somos omnívoros, se nos da mejor saber cuándo una fresa está madura y se puede comer.

> **Cuando le compremos un juguete a nuestro perro, tenemos que pensar que le debe gustar a él, no a nosotros. Muchos juguetes son de colores rojos o naranjas, porque son los colores que más les gusta a los humanos, no a los perros. Ellos prefieren el azul y, sobre todo, el amarillo.**

¿SI LOS TIBURONES DEJAN DE NADAR, SE AHOGAN?

Muchos tiburones no pueden dejar de nadar nunca. Les pasa sobre todo a los grandes, como el tiburón blanco, el tiburón tigre o el tiburón peregrino. La razón es sencilla: **es su única forma para respirar**.

Los tiburones son peces y, por tanto, respiran con branquias. La gran mayoría de los peces tienen las branquias protegidas por un escudo de huesos. Este escudo no solo protege, sino que, al abrirlo y cerrarlo, hace que el agua pase por las branquias y los peces pueden respirar. Pero los tiburones no tienen ese escudo, así que, **para que el agua llegue hasta sus branquias, nadan con la boca abierta**. Por eso, si vas a un acuario, verás que muchos tiburones nadan enseñando los dientes. No quieren asustarnos, sino que es su forma de respirar.

Sin embargo, existen otros tiburones que pueden pasar horas parados en la arena, descansando o esperando que pase algún pez despistado que se puedan comer. Estos acostumbran a ser más pequeños, como el **tiburón nodriza**, el **alitán** o la **pintarroja**, que miden algo menos que una barra de pan. Entonces, si no nadan, **¿cómo respiran?** Lo hacen abriendo y cerrando la boca, como si tragaran agua. Cuando la abren, entra agua rica en oxígeno, y, cuando la cierran, el agua sale por las branquias, permitiéndoles respirar sin tener que moverse.

Para dormir sin dejar de nadar, estos tiburones entran en un sueño muy ligero y aprovechan corrientes fuertes para que el agua siga pasando sin tener que moverse mucho. Además, no pasan horas durmiendo como nosotros, sino que lo hacen a ratitos cortos.

¿HAY MEGALODONES EN LAS PROFUNDIDADES MARINAS?

El megalodón es el tiburón más grande que ha existido. Se alimentaba de ballenas y se cree que medía más de quince metros. **¡Más largo que un autobús!** Este increíble depredador se extinguió hace dos millones de años, pero ¿puede que aún vivan en las profundidades?

No, ya no puede vivir ninguno en las profundidades marinas por varios motivos. Primero: **la temperatura**. Al megalodón le gustaban las aguas calentitas, donde podía cazar presas en abundancia. Por eso, no podría sobrevivir en las frías aguas de las profundidades. Además: **sus crías** necesitaban aguas cálidas y poco profundas para crecer.

Pero, sobre todo, porque si viviera en las profundidades marinas **se moriría de hambre**. Debido al gran tamaño, gastaba mucha energía, así que debía comer mucho. En las profundidades actuales, no hay comida suficiente para mantener una población de megalodones.

Y es que en los mares de la época del megalodón había muchos más animales que ahora. Se cree que la desaparición de posibles presas y la competencia con otros tiburones más pequeños, que necesitaban menos alimento para sobrevivir, fueron las **causas de su extinción**.

Los dientes de megalodón fósiles son muy comunes. Hay coleccionistas que guardan cientos de ellos para su estudio. Los dientes más grandes que se han encontrado pueden superar los dieciocho centímetros, cuatro veces más grandes que los de tiburón blanco.

¿EXISTIÓ REALMENTE EL KRAKEN?

Hace más de mil años, se oían historias de una **criatura marina gigantesca**, con larguísimos brazos y ventosas, capaz de hundir barcos sin esfuerzo. Los vikingos lo llamaban «kraken» y decían que medía tanto como una isla. Este animal aterrorizó a los marineros a lo largo de siglos, pero ¿existió de verdad? Pues no. Es solo **un animal mitológico**.

Su origen quizá esté en un animal que sigue existiendo hoy día: **el calamar gigante**. Este enorme calamar puede llegar a medir trece metros, así que ni es tan grande como una isla ni puede hundir un barco. Pero, si es totalmente inofensivo para las personas, ¿qué hizo que los vikingos lo confundieran con un monstruo gigante?

Es posible que los marineros encontrasen restos de estos animales flotando en el mar, o llevados a la costa empujados por las mareas, y que, como en esa época no tenían cámaras para hacer fotos, solo podían contarle a los demás lo que habían visto… y, posiblemente, **exagerándolo un poquito**. Con el tiempo, la historia pasó de marino a marino, haciéndose cada vez más y más exagerada, hasta que pasó de ser un calamar muy grande a un monstruo «hunde-barcos».

Como la mayoría de los mitos, el kraken tiene unas **gotas de verdad, pero toneladas de imaginación**.

¿Y EL UNICORNIO?

Probablemente, el unicornio sea **el animal más deseado y soñado**. Un ser bueno y hermoso, con cuerpo de caballo y cuerno en la frente, capaz de curar enfermedades y parar venenos. Miles de años atrás, se oían historias sobre ellos en la India, que los griegos trajeron a Europa.

Casi seguro que **la leyenda del unicornio** surgió de las historias que contaban los mercaderes indios y árabes sobre dos animales que sí existen y que son tan impresionantes, o incluso más, que un unicornio.

Es muy seguro que el mito del cuerno en la frente del unicornio venga del **rinoceronte indio**. Para aquellos que nunca hubiesen visto uno, imaginarse un rinoceronte solo con lo que le contaba otra persona de él debía de ser muy complicado. Y es muy posible que se quedara solo con lo más llamativo: **el solitario cuerno** que adorna su cabeza.

El cuerpo de caballo podría venir del **órix**, un antílope un poco más pequeño que un caballo, aunque igual de ágil y delgado. El órix tiene dos cuernos largos y rectos, pero, vistos desde lejos y de perfil, pueden parecer un solo cuerno en la cabeza de un caballo.

Una vez inventado el animal, el boca a boca hizo el resto, dándole los **poderes mágicos** que nunca tuvieron los animales que lo inspiraron.

> En la **Edad Media**, se vendían «cuernos curativos de unicornio» por una fortuna. Pero no eran cuernos de unicornio, sino colmillos de narval, un animal marino que tiene un colmillo muy largo y retorcido, parecido a como se pensaba que era un cuerno de unicornio.

¿LOS ANIMALES SE RECONOCEN A SÍ MISMOS EN UN ESPEJO?

¿Te acuerdas de la primera vez en que te observaste en un espejo y pensaste **¡ese soy yo!**? Seguramente no, porque un bebé humano se empieza a reconocer en él cuando tiene de uno a dos años, así que es muy difícil que te acuerdes de ese momento. Sin embargo, no todos los animales pueden hacerlo y, durante mucho tiempo, se pensó que eso era una **muestra de gran inteligencia**.

Esto se puede comprobar con **la prueba de la mancha**, que es muy divertida. A un animal se le pone una marca de pintura en una parte del cuerpo que solo pueda ver con ayuda de un espejo. En una oreja, por ejemplo. Si no reacciona al mirarse al espejo, quiere decir que no se reconoce. En cambio, si ves que el pobrecillo se retuerce para quitarse la mancha de la oreja, ¡es que sabe que es él!

Muy pocos animales han superado esta prueba. De muchos de los que sí lo han hecho ya sabíamos que eran muy inteligentes, como los chimpancés, los gorilas, los delfines o los elefantes. Pero, recientemente, se han encontrado sorpresas. Al parecer, también se reconocen algunas aves, como las urracas. ¡E incluso algunos peces! Los investigadores han observado que los peces limpiadores se frotan contra las rocas para quitarse la mancha que alguien les ha puesto en la barbilla, justo después de vérsela en el espejo.

Si un animal no se reconoce, no quiere decir que sea tonto, sino que, para reconocerse a sí mismos y a otros compañeros, confían mucho más en otros sentidos, como es el caso del **olfato**.